Por que os homens se casam com as mulheres poderosas?

(Por que os homens se casam com as manipuladoras)

SHERRY ARGOV

Autora de *Por que os homens amam as mulheres poderosas?*

Por que os homens se casam com as mulheres poderosas?

(Por que os homens se casam com as manipuladoras)

Um guia para solteiras ou casadas deixarem os homens a seus pés.

Tradução
Ana Ban
Patrícia Azeredo

Edição Revista
Novo Capítulo

26ª edição

BestSeller

CIP-BRASIL. CATALOGAÇÃO-NA-FONTE
SINDICATO NACIONAL DOS EDITORES DE LIVROS, RJ

A741p
26ª ed.

Argov, Sherry
Por que os homens se casam com as mulheres poderosas/ Sherry Argov; tradução: Ana Ban e Patrícia Azeredo. – 26ª ed. – Rio de Janeiro: Best*Seller*, 2011.

Tradução de: Why men marry bitches: a woman's guide to winning her man's heart
ISBN 978-85-7684-477-8

1. Namoro. 2. Mulheres solteiras - Guia de experiências de vida. 3. Relações homem-mulher. I. Título.

07-2071

CDD – 646.77
CDU – 392.4

Título original norte-americano
WHY MEN MARRY BITCHES:
A WOMAN'S GUIDE TO WINNING HER MAN'S HEART

Publicado mediante acordo com o editor original
Simon & Schuster, Inc.

Capa: Sense Design
Editoração eletrônica: editoriarte

Impresso no Brasil

ISBN 978-85-7684-477-8

Elogios ao trabalho de Sherry Argov

"O Melhor da Cultura."

– *Revista Esquire*

"Sherry Argov mostra às mulheres como transformar uma relação casual em compromisso sério."

– *The Today Show*

"Estamos falando de tanto respeito por si mesma que Aretha Franklin aprovaria com um 'bate aqui'."

– *Los Angeles Times*

"O significado pejorativo da palavra 'poderosa' mudou... Agora, diz respeito a uma mulher forte, agressiva, que tem coragem e sabe quando usá-la. Uma poderosa é como um filme do Tarantino – sem frescuras."

– *Revista Pursuit*

"Há uma diferença entre uma poderosa e uma poderosa *de verdade*. [Argov] fala de uma mulher forte. Alguém que sabe o que faz da vida, que compartilha o fardo, mas que também luta pelo que quer."

– Joy Behar, coapresentadora do programa de TV *The View*

"Apesar de toda a questão Mary Ann *versus* Ginger, os homens não escolhem as 'boazinhas'. Eles querem as 'interessantes'."

– *Chicago Sun-Times*

"Leitura obrigatória no almoço de domingo."

– *New York Daily News*

"Um livro e tanto!"

– *Fox News*

"O best seller de Sherry Argov, *Por que os homens se casam com as mulheres poderosas?*, voa das prateleiras... Os homens prosperam mais ao lado de mulheres que sabem dar limites e que puxam a coleira quando eles tentam ir além do permitido."

– *Revista Cosmopolitan*

"Um manifesto contra o chororô, uma obra capaz de estimular as mulheres que se sentem capachos a desenvolver sua independência."

– *Revista Playboy*

"Se você tem sido muito boazinha, corra e compre este livro agora!"

– Ellen Fein e Sherrie Schneider,
Autoras de *The Rules*, best seller do *New York Times*

"Seu livro ousado está repleto de situações reais e conselhos cujo objetivo é deixar as mulheres sutilmente mais fortes e poderosas. A obra, que já foi mostrada nos programas de TV *The View* e *The O'Reilly Factor*, deve causar polêmica com sua visão controversa dos relacionamentos."

– *Publishers Weekly*

Para mamãe, com amor.

Sumário

Agradecimentos

Acima de tudo, quero agradecer à minha linda mãe, Judy, porque deixá-la orgulhosa continua sendo a razão para eu levantar da cama todo dia. A sabedoria, a força e o incentivo dela no papel de mãe e o exemplo de mulher notável são as razões para eu ser capaz de fazer o que faço.

Também gostaria de agradecer à editora sênior Amanda Murray, a mente mais brilhante com que já trabalhei até hoje no mercado de livros. Agradecimentos especiais à assistente editorial Annie Orr, também uma pessoa fantástica para se trabalhar. Muito obrigada a David Rosenthal, da Simon & Schuster, a Victoria Meyer e Kristan Fletcher, do departamento de divulgação, a Marcella Berger, dos direitos internacionais, a Jaime Putorti, que fez o fantástico design interno, e a Jackie Seow, responsável pela capa do livro. Fico animadíssima por saber que as "bitches" serão lembradas pela capa norte-americana, por causa do meu batom rosa-choque. E obrigada às editoras de texto Edith Lewis e Frances Fisher, por me fazerem parecer mais inteligente do que realmente sou.

Agradeço a Les Amponsah pelos conselhos e pelo incentivo caloroso de amigo. Agradecimentos especiais aos advogados do setor de entretenimento Anthony Kornarens, Mitch Langberg e Matt Thompson, todos mentes brilhantes que me ajudaram a direcionar minha carreira. Obrigada a você, Paul Levine, por cuidar de minhas marcas registradas.

Agradeço a meus contadores, Ilana Roman e Ali Adawiya.

Obviamente, quero agradecer aos dois homens da minha vida: meu querido noivo e meu gatinho de estimação.

Sou grata a meu amigo de longa data, o comediante Rodney Allen Rippy. Obrigada por ter um "terceiro olho" cômico fantástico e por me fazer rir tanto que minha barriga fica dolorida no dia seguinte.

Um agradecimento especial a você, Rita Starliper, designer do meu site e amiga querida. Obrigada a outros bons amigos que me deram opiniões: Beverly Rippy, Leslie Gordon, Giancarlo Di Pietro, Ted Hayes, Bonita Hornstein, Diana Shay, Danielle Hill, Nick Latimer, Jeff Gordon, John Schatzel e Doug Singer. Agradecimentos especiais a Boris Shekhter, que fez a delicadeza de ler meu material e emitir sua opinião "masculina", mesmo depois de ter passado por uma cirurgia no cérebro. Obrigada a Devin Goodman, pelas sugestões também valiosíssimas. Agradecimentos especiais a Janet Golden e a Dorreen Plester, por meus panos de prato com cabeça de alce. Agradeço a Michelle De Nicola, por estar disposta a sobreviver a seu medo do público e aparecer comigo na televisão como "exemplo de mulher poderosa". Parabéns pelas núpcias. E a Helene Kuperman, que tem sempre uma boa história para contar. Um agradecimento especial a Kathleen Lowson, por ser uma amiga tão boa.

E principalmente quero agradecer às mulheres notáveis que escreveram para mim e que contaram para as amigas sobre meus livros. Obrigada pelo apoio, pelo retorno, por fazer com que 58 cartas de rejeição, overdoses de café e horas de trabalho infinitas tenham valido a pena.

Introdução

Todo mundo já ouviu a história do príncipe que se casa com a donzela do vilarejo. Ou do solteiro desejado que poderia ter qualquer mulher que quisesse mas se apaixona por uma mulher comum, com quem é difícil lidar. No dia do casamento o sujeito se sente o cara mais sortudo do mundo. Enquanto isso, a família dele engole um antiácido atrás do outro e se pergunta: "Por que ela?" Então, começam as especulações: "Será que ela cozinha bem? Será que é o sexo? Será que ela fez uma lavagem cerebral nele? O que ela fez com ele?" O que todos estão loucos para fazer é puxá-lo no canto e perguntar: "Por que você vai se casar com uma manipuladora dessas?"

Por que os homens se casam com as mulheres poderosas? não é mais um daqueles livros sobre "como arrumar marido". Não é, nem de longe, um livro que vai sugerir que você está incompleta até encontrar sua "cara-metade". Ao contrário. Este livro está aqui para desafiar as convenções, ampliar sua compreensão a respeito de por que alguns relacionamentos não progridem e propõe modernizar a maneira como você acha que um homem *escolhe* sua companheira.

Quando falo em *poderosa*, não estou dizendo que ela seja cruel ou maldosa – e sim que ela sabe o que quer. Por todo o livro, quando esta palavra aparece, como foi o caso do meu primeiro lançamento, *Why Men Love Bitches*, é usada com bom humor. O termo é usado como sátira, algo que não deve ser levado muito a sério. Eu o uso para descrever a mulher forte que tem identidade própria e que se sente segura em relação a quem é. Ela se sente feliz em dar "espaço" a ele porque também gosta de ter o seu. Sabe muito bem o que pode ou não pode aceitar. Ela recua diante do menor sinal de desrespeito e isso faz com que seja mais interessante para o homem, não menos. *Esta é a mulher com quem ele sonha se casar.*

Todas nós lemos *Cinderela*. Vimos as propagandas de aliança de noivado em que a mulher ganha uma jóia reluzente. Comparecemos a casamentos em que havia dez madrinhas vestidas como a fada Sininho. Depois o fotógrafo registra a imagem de todas elas ao redor da noiva, debruçadas por cima da mão esquerda dela, com o olhar fixo de adoração no anel. Então chega a hora de jogar o buquê, e as solteiras tropeçam umas nas outras para pegá-lo. É assim que as mulheres respondem à *mera ideia* de casamento.

Os homens observam isso. Eles veem as mulheres agindo como se o casamento representasse tudo e fosse a finalidade de tudo, e fazem uma anotação mental. Isso só serve para confirmar o que eles sempre souberam: casamento não quer dizer necessariamente que a mulher esteja apaixonada por ele. Alguns homens acreditam que elas se apaixonam *pelo casamento* ou *por aquilo que uma união representa*. E que ele só está ali para preencher uma vaga.

Tudo isso influencia a maneira como os homens namoram. Eles evitam situações em que desconfiam que a mulher precisa do relacionamento para se sentir completa porque, mais uma vez, se sentem como se estivessem apenas preenchendo uma vaga. Para o homem, uma mulher carente significa prisão, porque ela não o ama por quem ele é. A verdade é que os homens não têm fobia de compromisso; *eles desejam o amor e o casamento tanto quanto as mulheres.*

Para que um homem queira se casar, tem de pensar: "Caramba, seria maravilhoso estar casado com ela." E isso não ocorre quando a mulher segue os conselhos tradicionais e fica insistindo no mesmo ponto: "Preciso saber aonde isso vai chegar. Não quero ficar perdendo tempo." Estas são coisas que as mulheres dizem de maneira automática. Ela pode achar que assim está economizando tempo, mas não percebe que, com isso, só faz com que ele desista da ideia. Quando a mulher age como se o parceiro "devesse" a ela o relacionamento, o noivado ou o casamento, faz com que ele saia correndo em direção contrária.

Por isso este livro foi escrito.

Nos capítulos que você está prestes a ler, aprenderá a modificar sua abordagem. Vai compreender por que ele tem de ficar se perguntando por que você não age como se estivesse desesperada para se casar como todas as outras mulheres que conhece. Quando você parecer diferente, no sentido de que não parte para cima dos homens com um plano pronto para chegar ao casamento, então receberá mais propostas do que é capaz de assimilar.

Você também vai entender como os homens pensam *na realidade*. O que as ações deles significam *na realidade*. Como ele *espera* que você reaja e como você *deve* reagir. E não é o mesmo papo furado que você leu em outros livros de relacionamento. Você vai ficar sabendo de tudo que os homens sabem, e que as mulheres poderosas sabem... mas que as garotas boazinhas ainda precisam aprender.

O material dos meus livros advém menos da minha opinião e mais das informações que reuni em centenas de horas de entrevistas com homens que sentaram e conversaram abertamente comigo. Eles me apresentaram sua perspectiva em relação às informações que em geral estão reservadas apenas ao sexo masculino, a respeito do que realmente faz um homem se apaixonar e fazer um pedido de casamento.

Para mim, a precisão é algo tão importante que cheguei a reler o material para os homens antes de o livro ser impresso, para garantir que o texto refletisse fielmente a maneira como se sentem. Eles disseram: "Se as mulheres tivessem essas características, teríamos muito mais vontade de casar. Fico muito contente de saber que você vai dizer tudo isso a elas. Só não use meu nome verdadeiro..."

Depois do lançamento do meu primeiro livro, ouvi muitos críticos dizerem: "As mulheres nunca deviam ficar fazendo joguinhos." Do meu ponto de vista, isso é muito engraçado, porque sugere que os homens são sempre altruístas, cheios de compaixão e honestos – e nunca jogam com as mulheres. A realidade é que os homens distorcem a verdade e omitem estrategicamente informações cruciais o tempo todo, de forma que eles possam assobiar e chupar cana ao mesmo tempo. Do mesmo modo que uma mulher bonita usa o visual para obter privilégios e benefícios, os homens dão indicações de "casamento no futuro" para segurar as mulheres.

Os capítulos a seguir vão ensiná-la por que, em geral, mostrar insistentemente a um homem "o quanto você se preocupa com ele" é exatamente o comportamento que o fará chegar à conclusão de que você não é interessante o suficiente para ficar com ele. Desdobrar-se em duas não lhe trará o amor e a atenção que você anseia. Mas ter uma vida própria, seus próprios objetivos e muita coragem, sim.

Isso não significa que este livro seja apenas para as mulheres que desejam chegar ao altar. Talvez você já esteja casada e queira dar uma sacudida na relação. Pode até ser que você queira continuar solteira. Este livro fala de como *conquistar o coração dele,* para que você tenha o poder de escolher o desfecho que *quiser.*

Então, pare de olhar para tudo como se você vivesse em um mundo cor-de-rosa. Chegou a hora de se perguntar se ele serve mesmo *para você.* Você vai conquistar aquele não-sei-quê para sentir que está sempre no controle. E vai aprender a fazer com que ele fique achando que você é aquela pessoa especial e que é *impossível viver sem você.*

Vá pegar uma taça de vinho, ou uma xícara de café. Tire os sapatos e coloque os pés para cima, porque agora vamos ter uma conversinha muito *séria* de mulher para mulher. Garotas, preciso dar um aviso: este aqui não é um livro do tipo "dê vazão à sua criança interior"

Observação:
No decorrer de todo este livro,
nomes de homens e mulheres foram trocados
para proteger os não tão inocentes assim.

1

JOGUE FORA O *manual*

Por que a mulher forte conquista o coração masculino

"Vamos estabelecer uma verdade fundamental a respeito do casamento: quem manda é a mulher."

Bill Cosby

Diretrizes da sociedade para as boas moças

Imagine um mundo em que os papéis fossem invertidos e os homens cozinhassem para as mulheres, recolhessem meias espalhadas pelo chão e vivessem doidos para se casar. Finja que você tem um namorado que guarda uma caixinha especial com seis gravatas-borboleta lilases reservadas para serem usadas por seus seis padrinhos no dia do casamento. Imagine que ele sinta uma espécie de nó na garganta toda vez que passa pela vitrine de uma loja de roupas de bebê. E que ele a receba na porta usando cueca samba-canção de seda e botas de caubói e faça uma dança sensual para você. Então, adicione alguns ultimatos:

"Cadê minha aliança?"
"Por que você não se casa comigo?"

Talvez você achasse que o sujeito surtou de vez. E começasse a bolar seu melhor modo de fuga. "Não é você, sou eu. [Tradução: É você, sem sombra de dúvida.] Estou ocupada demais com o trabalho. Eu amo você, mas não estou apaixonada." Então você sairia em disparada pela porta... como um carro de Fórmula 1.

Por mais assustador que isso pareça, é exatamente assim que as mulheres agem quando querem arrumar um marido, porque assim foram ensinadas. É o compromisso de qualquer "boa moça": colocar as necessidades de todo mundo antes das suas e achar que não chega à altura da barra da calça de seu homem.

Quando fiz uma enquete com os homens, todos responderam que *há pouquíssima oferta de mulheres confiantes*. E que não há nada mais sensual do que uma mulher desse tipo. Será que é surpresa o fato de haver poucas mulheres confiantes por aí? Olhe à sua volta. Revistas femininas dizem às mulheres que ajam de maneira servil, como se namorar fosse uma entrevista muito complicada para uma vaga de operária: "Você é capaz de oferecer um copo de cerveja gelada vestindo lingerie provocante? Passa as camisas dele deixando as pregas bem certinhas? Usa transparências para ele achar que está mais gostosa? Cuida do jardim de salto agulha? Faz a posição do cachorrinho na cama? Se fizer tudo isso, ele vai cair de joelhos e pedir sua mão em casamento..."

Com tudo isso, as mulheres só estão aprendendo a agir de maneira desesperada. Quando a atitude dela faz o gênero "Me escolhe! Me escolhe!", acaba com o desejo dele em uma única tacada. Faz parte da natureza humana. Você também ficaria desanimada se algum cara levasse duas dúzias de rosas na primeira vez que vocês saíssem para tomar um café e dissesse a você que se sente o FDP mais sortudo do mundo nos primeiros cinco minutos.

Faz parte da natureza humana. Dizer a uma mulher que deve se esforçar mais para agradar é o mesmo que dizer a um garotinho que deve chegar para o brutamontes da escola no primeiro dia de aula e dizer: "Pronto, aqui está meu dinheiro do almoço. E pode ficar com minha merenda também. Eu até dou minha lancheira para você, porque estou vendo que sua mãe não mandou uma." Ou, em um encontro, dizer: "Pronto, aqui está meu corpo. E eu fiz uma torta para você. Por favor, seja legal. Por favor, case comigo. Eu até vou colocar a bunda para cima, como naquela posição de ioga. É tão agradável ficar de ponta-cabeça! Mesmo. Eu *simplesmente* adoro!"

Só porque um cara vai para a cama com você não significa que ele está pensando no futuro. Para que ele pense no "para sempre", é necessário que haja algo dentro de você que ele respeite. Como uma perspicácia aguçada... e uma cabeça pensante.

PRINCÍPIO DE RELACIONAMENTO Nº 1

No romance, não há nada mais encantador para um homem do que uma mulher que tenha dignidade e se orgulhe de quem é.

Acima de tudo, você precisa se conhecer. Quanto mais você se concentrar em sua elevação pessoal, mais ele vai se esforçar para estar no topo de sua lista de prioridades. Ele vai considerá-la uma perspectiva de longo prazo quando você adicionar à receita o ingrediente principal: respeito. E respeito é a cola que mantém tudo unido.

Kara é um exemplo perfeito do motivo pelo qual mulheres inteligentes e seguras saem na frente. Logo no começo, o noivo dela tentou dar palpites a respeito da maneira como deveria se vestir. Ela estava saindo para uma reunião e ele lhe disse para colocar um vestido em vez do terninho que usava. Depois, disse que ela estava maquiada demais. O que uma boa moça teria feito? Sairia correndo para comprar um guarda-roupa novo. Mas Kara o encostou contra a parede e disse, em tom de brincadeira: "Olha aqui, Versace. Esta roupa sempre foi ótima. E também nunca recebi reclamação alguma a respeito da maquiagem. Mas, se você preferir, posso avisar antes quando for me vestir assim. Daí, se você não quiser me ver com este visual, é só não aparecer por aqui."

Para que a enxerguem de outra maneira, você tem de pensar de outra maneira. Ele precisa perceber que você dá as suas cartas, não precisa da opinião de ninguém a respeito de como calça suas meias. Isso significa: "Eu sou segura." As características mais desanimadoras que existem para um homem são carência e insegurança. A mulher poderosa não age como se estivesse participando de um teste de elenco nem como se precisasse fazer "a melhor apresentação". Em vez de "Cadê minha aliança?" ou "Por que você não se casa comigo?", o que ela pensa, é:

"Qual é a vantagem de ter esse cara por perto?"
"Como eu me sinto depois de passar algum tempo com ele?"
"O que ganho com isso?"

E, daí, algo engraçado acontece: *ele fica de quatro por ela.*

Kim Basinger disse algo interessante: "Não tenho tempo para ser considerada difícil, e não tenho tempo para me incomodar." Os homens geralmente se sentem à vontade com uma mulher que não se preocupa tanto, porque então não precisam ser totalmente responsáveis pela felicidade de outra pessoa. Quando um homem vir que você está feliz com ele mas que poderia ser igualmente feliz se não estivesse, não vai querer sair do seu lado. Quando você está feliz, fica sexy.

Mas não é só isso. As mulheres que são donas do próprio nariz se divertem mais. Minha amiga Angela saiu uma vez com um cara para jantar em um restaurante chinês. Era sexta-feira. Experimentaram vários pratos e sobrou um monte de comida, então ela levou todas as sobras para casa. Na noite seguinte, Angela tinha um encontro com outro cara e resolveu aproveitar toda aquela comida na geladeira. Esquentou os restos do jantar chinês, organizou tudo direitinho em um prato bonito e os serviu a seu convidado de honra. No biscoitinho da sorte dela, estava escrito: "O jantar foi um sucesso."

Claro que eu nunca aconselharia alguém a optar por uma refeição tão fácil e rápida em vez de passar três horas suando na cozinha. Mas eu seria omissa se não incluísse uma dica gastronômica de especialista: não guarde a salsinha (sempre murcha no micro-ondas e entrega tudo).

Repare no que Kara e Angela têm em comum: nenhuma delas sentiu necessidade de se desdobrar para agradar. Isso fez com que conquistassem o respeito do homem. Por quê? O *esperado* seria que elas se curvassem porque é o que o manual prescreve. Mas, ao se recusarem a agir dessa maneira, uma lâmpada se acendeu na cabeça dos homens. A mensagem "Eu tenho valor" é o que faz com que eles acreditem na relação.

Em um documentário produzido por um canal de música, o cantor Tim McGraw disse algo muito curioso a respeito de sua mulher, a também cantora Faith Hill: "Ela tem a pontaria certeira, sem dúvida alguma. Não engole desaforo de ninguém." Ele não escolheu fazer comentários a respeito do talento, sucesso, beleza ou fama dela, nem sobre qualquer uma daquelas outras qualidades que a sociedade valoriza. Em vez disso, fez um comentário a respeito do atributo que os homens mais respeitam: coragem. Você acha que quando Tim coloca a cabeça no travesseiro, ele se orgulha porque a mulher dele não leva desaforo para casa? Aposto que sim.

PRINCÍPIO DE RELACIONAMENTO Nº 2

Ele se casa com a mulher que *não* deixa ninguém pisar nela.

E isso nos leva à definição do que é uma mulher boa para se casar – quer dizer, uma mulher forte e decidida que sabe se defender. Ela não é grosseira nem irritante porque é inteligente o bastante para saber que ser atenciosa é mais eficiente. Mas não compromete suas convicções para estar em um relacionamento. Ela não faz hora extra para "arrumar marido". Por isso, ele não fica achando que ela é uma desmiolada de quem pode se aproveitar. Ela sabe ser doce e agitar a situação... e nem sempre é boazinha – *é com isso que ele sonha.*

Como muitas mulheres "boazinhas" equivocadamente acreditam que ser forte é ruim, vamos examinar alguns dos critérios da suposta mulher adequada. Então, vamos ver com os homens o que eles *realmente* pensam sobre as mulheres que agem assim.

Mito 1:
Você tem que ser perfeita

Pense na última vez em que se apaixonou loucamente. É bem provável que o cara não fosse nenhum milionário nem um neurocirurgião com barriga de tanquinho que vivesse excitado como um garanhão que tomou Viagra. É bem provável que ele não a tenha feito entrar em êxtase cinco vezes antes de ele mesmo gozar. Mas havia algo de especial nele. Ele tinha algumas características que significavam tudo para você e certa magia que a deixava feliz. Os homens que desejam encontrar um relacionamento estão em busca dessa mesma magia.

PRINCÍPIO DE RELACIONAMENTO Nº 3

Ele não se casará com uma mulher perfeita; ele se casará com uma mulher *interessante*.

Este é um dos maiores mitos perpetuados pela mídia: se você for perfeita, bonita e rica, conseguirá o respeito e o amor que deseja. É o que dizem. (Agora, voltemos à realidade!) Quando um homem conhece uma mulher que parece perfeita *demais*, amável *demais* ou agradável *demais*, sua tendência é entediar-se com muita rapidez.

Concursos de beleza são um bom exemplo a respeito de como as mulheres são levadas a acreditar falsamente que o mais importante a se buscar na vida consiste em dicas de beleza e habilidades para "pegar homem". Sim, é verdade que esses concursos dão financiamentos educacionais e bolsas de estudo, o que é muito irônico, porque os únicos homens que assistem são aqueles que gostam de mulheres realmente burras. Homens inteligentes acham que é vergonhoso uma mulher ficar posando e sorrindo como se estivesse sempre animadíssima. Todo mundo sabe que as perdedoras querem estrangular a vencedora e que a dona de uma beleza interiorana que vence o concurso de Miss Simpatia está louca para dizer aos juízes: "Vão se ferrar... seus filhos da mãe horrorosos." Todas elas fingem ser virgens até o casamento, e todas são caridosas para com os pobres:

Terceira colocada: "Estou no quinto ano da faculdade local de cerâmica. Quero acabar com a fome no mundo e encontrar a cura do câncer. E, definitivamente, quero pôr fim à falta de vasos de plantas no mundo."

Segunda colocada: "Meu plano é alimentar quem tem fome, os sem-teto, os desempregados e os miseráveis. Assim, todos os meus parentes vão poder comer."

Vencedora: "Antes de visitar vilarejos dizimados pela fome na África, marquei hora na pedicure. Chamem a imprensa! Estou usando meus sapatos Manolo Blahnik de mil dólares!"

Se você reparar bem, os concursos de beleza se parecem muito com feiras rurais. Os pecuaristas mostram suas vacas da mesma maneira. Eles acompanham seus animais premiados até o palco, a fim de exibi-los para o público e os juízes. É possível que a vaca dê até umas voltinhas. Então, a vaca vencedora recebe uma faixa de cetim que é colocada ao redor de seu corpo, com a inscrição do título recebido e o ano. Em seguida, as vencedoras até são estampadas em calendários anuais, com uma vaca para cada mês.

Então, vamos aplicar esse comportamento de Barbie no primeiro encontro, para ver por que ele faz com que tudo afunde como um balão feito de chumbo. Imagine uma mulher tentando ser aquela "garota perfeita". Ela entra no recinto como se estivesse numa passarela. A bolsa combina com a fivela do sapato. Ela dá risadinhas na hora certa. Para o jantar, pede duas azeitonas com molho de baixa caloria (à parte). Sem perceber, essa mulher já se classificou: *temporária*. O que passa pela cabeça dele? "Pague a conta e vá embora." Ele pode até transar com ela, mas a partir dali a coisa só vai rolar ladeira abaixo. Por quê?

Quando a mulher soa artificial, o homem se acautela em relação a quem ela é de verdade e quais são suas reais motivações. Normalmente, considera que ela está fazendo um espetáculo para atraí-lo. Então, a relação nunca passa para o próximo nível. Por isso, alguns relacionamentos nunca engatam a segunda marcha. Ao tentar ser algo que não é, a mulher fica automaticamente timbrada com o "selo da insegurança". "Esta aqui vai precisar de atenção constante e nada que eu lhe dê jamais será suficiente. Ela vai sugar toda a minha energia." Antes de passar um tempo com ela, a mente dele já estará voltada para a próxima da lista.

Mas não é só isso: quando o homem acha que a mulher é fraca ou insegura, não sente necessidade de se esforçar no relacionamento. Nesse ponto, a coisa toda se transforma em "divertimento masculino". O relacionamento se torna uma atração paralela. Ele vai relaxar, abrir uma cerveja e pensar: "Ela está se esforçando demais, nunca vou precisar suar neste relacionamento."

PRINCÍPIO DE RELACIONAMENTO Nº 4

Quando a mulher se esforça demais, o homem geralmente começa a testá-la para ver até onde está disposta a ir: é como se ele lançasse um *frisbee* só para ver o quanto ela correria e quão alto pularia para agarrá-lo.

Os homens estão *acostumados* com isso. Então, vão tentar induzi-la a esse comportamento. Ele pode dizer-lhe no segundo encontro que gosta de unhas dos pés pintadas de vermelho. Ou que gosta de uma peça de roupa em particular. Se você imediatamente começar a se "esforçar" para ser o que ele quer, ele a respeitará menos.

Para compreender melhor, vamos dar uma olhada em uma das páginas do manual *masculino*. Estamos falando de material confidencial de verdade, sobre o qual só se comenta em voz baixa.

Uma página do manual masculino

Definição de sexo inesquecível: uma mulher que consegue funcionar sozinha e que sabe se cuidar. Ela não vai me deixar sempre assumir o controle. E pode dizer a qualquer pessoa que vá se danar toda vez que sentir vontade de agir assim.

Esta é a mulher que vai fazê-lo se esforçar para estar com ela. Sempre que você se preocupa demais com o que alguém vai pensar, *essa pessoa perde o respeito por você.* Quando um homem vê que você assume uma postura submissa desde o início, você prepara o terreno para uma relação desequilibrada, porque confirma a crença inexprimível de todo homem: "Se você a ignorar, ela vai buscar sua validação e garantia." A aprovação, então, se torna a única "contribuição" dele. *Quando você necessita da aprovação dele, fica cega* e logo se transforma na metade vulnerável do relacionamento. Adote a filosofia do tipo "A aprovação não é desejada nem necessária".

Afinal de contas, sempre vai haver alguém ali para lhe dizer que você não é bonita o bastante, perfeita o suficiente, ou que não nasceu no lugar certo. A confiança verdadeira surgirá quando você for capaz de observar o seguinte princípio:

PRINCÍPIO DE RELACIONAMENTO Nº 5

Não acredite em nada que digam a seu respeito.

Sophia Loren disse: "A beleza é como você se sente por dentro, e isso se reflete em seus olhos. Não é algo físico." É isso que a deixa linda para um homem que vale a pena, porque, então, você chega completa. E isso faz com que ele diga: "Caramba, estou aqui pensando, o que ela tem de tão mágico?"

Como isso afeta relacionamentos de longo prazo? Quando um homem não consegue desvendá-la, ou descobrir onde se encontram seus pontos fracos, *você deixa de ser alvo fácil.* É aí que ele não tem 100% de controle sobre você, e precisa contribuir com seus 50% da relação para conquistá-la, manter seu interesse e alimentar uma relação recíproca e viável.

Mito 2: Você tem que ser o brinquedinho sexual dele

Os homens adoram contar histórias interessantes que se parecem exatamente com aquelas que eles leem em revistas masculinas. De acordo com a versão masculina, todas as ex-namoradas dele são *top models* e transavam dez vezes por dia. Obviamente isso é uma fantasia da imaginação dos homens. Para comprovar isso, basta dar uma olhadinha na foto da ex-namorada dele. Se for verdade que ela ia para a cama dez vezes por dia, haverá sinais visíveis. A parte posterior da cabeça dela vai se parecer com um ninho de ratos. As canelas vão estar permanentemente coladas atrás das orelhas. E ela vai ser tão magra que as pessoas desejarão lhe oferecer um *cheeseburguer* quando cruzarem com ela na rua.

As mulheres também se confundem a respeito do que os homens desejam por meio da observação das revistas que leem. Por exemplo, revistas de mulher pelada. Não sei você, mas eu não costumo ficar em cima de um monte de feno no meio de uma plantação de milho, de bunda para cima, para pegar um solzinho. Por mais frio que esteja, a modelo geralmente está com um dedo na boca, pendurada de cabeça para baixo em uma árvore e dizendo frases do tipo: "Adoro ficar pelada. Isso faz com que eu me sinta muito próxima da natureza." E daí vem a parte mais interessante do texto literário:

O que me deixa excitada: *Rolinhos doces recheados, pirulitos e pores do sol.*
A pessoa mais influente da minha vida: *Meu cachorrinho.*
Esporte preferido: *Andar de caiaque pelada.*
Feito de que eu mais me orgulho: *Conseguir amarrar um par de tênis em menos de cinco minutos.*

Naturalmente, as mulheres veem essas formidáveis influências e pensam: "É assim que devo me comportar. Se eu for uma louca na cama e souber preparar um belo assado, ele vai sair correndo para comprar minha aliança. Certo?" Questionável. Quando um homem chega em casa depois de um dia duro no trabalho, a última coisa que deseja é encontrar a mulher pelada na sala, lambendo um pirulito multicolorido, de maria-chiquinha, regando as tulipas. Ele vai pensar: "Ela está completamente maluca."

Perguntei a um cara se os homens fantasiavam sobre coisas desse tipo. Ele tentou responder à minha pergunta, mas não conseguiu parar de rir. Então, disse: "Com certeza é brochante. Ela não estaria sendo autêntica."

Um sujeito inteligente e decente não construiria a vida ao lado de uma mulher que não tenha os pés bem firmes no chão. Os homens não se casam com mulheres que fazem o tipo "menininha" porque não querem sentir que estão adotando uma criança. A única razão pela qual os homens gostam de mulheres idiotas é para poder se aproveitar delas – em curto prazo. Um cara legal, que vale o quanto pesa, quer uma parceira competente e de múltiplos talentos. Alguém que possa lidar com as situações quando ele não estiver por perto.

Isso não significa que os homens não vão sofrer um torcicolo para *olhar* para alguma mulher que esteja exibindo muita pele nua. Mas, ao mesmo tempo, vão pensar: "Só para uma relação de curto prazo." E, uma vez que você recebe o rótulo "Só para transar" de um homem, ele não vai enxergar nada além disso.

PRINCÍPIO DE RELACIONAMENTO Nº 6

Os homens reparam na maneira como você se veste e tiram conclusões a respeito de seu potencial para relacionamentos.

Um homem chamado Doug explicou: "A mulher parece *mais* atraente quando mostra *menos* pele nua. Assim, a gente fica com vontade de descobrir o que tem por baixo. O cara não quer ir para a cama e pensar: 'Nada demais. Já vi tudo isso.' Vê-la da maneira como veio ao mundo tem que ser uma surpresa. Isso é que excita."

Quando mulheres olham para as roupas, veem cores, tecidos e estilos. O que os homens veem? Se você representa ou não um desafio mental. Por essa razão, ouvimos homens falando a respeito de fantasias com enfermeiras, com a vizinha ou com a bibliotecária. Se a mulher veste algo que não "mostra tudo que ela tem", como jeans e suéter, o que o homem capta é: "Ela não está se exibindo para você. *Você vai ter que se esforçar um pouco para conseguir ver tudo.*" Quando a mulher mostra um pouco, mas não tudo, o sujeito conclui que suas partes sensuais são "privilegiadas". E a valorização dela aumenta.

Evan é um exemplo clássico de como os homens categorizam as mulheres rapidamente. Ele conheceu Blair no trabalho e a convidou para tomar um drinque à noite. Durante o dia, ela estava com uma blusa de seda que revelava um pouco, mas não muito. Então, passou correndo em casa para se trocar antes do encontro. Achando que iria deixá-lo boquiaberto, colocou um top todo decotado que mostrava bastante dos seios e o piercing do umbigo em que se lia: NEM TUDO NO KANSAS É PLANO. Ele recorda: "Desde o primeiro dia, percebi que aquilo não ia dar em nada."

Se ele quiser ter um relacionamento sério com uma mulher, preferirá ver menos pele nua em público e guardar o espetáculo para quando estiverem a sós, para que só ele possa ver. Preferirá uma blusa que delineie bem o corpo a um decote ousadíssimo. Ou um vestidinho que dê uma dica de como o corpo dela é. Ele fica muito mais fascinado por uma saia comprida com uma fenda do que com uma micro minissaia que mostre a perna toda. Por quê? Por causa do elemento surpresa. Se ele não souber exatamente quando a perna dela vai aparecer, ficará fantasiando. E, uma vez que você consegue fazer com que ele fique curioso e *pense em você*, então os pensamentos dele se voltarão para o futuro.

PRINCÍPIO DE RELACIONAMENTO Nº 7

Quando um homem a vê usando uma roupa muito sexy, geralmente acha que você não tem nada mais que isso.

Uma vez que ele a reduza a algo unidimensional, você nunca mais passará disso. Ele nunca vai levá-la a sério nem achar que vale a pena investir em um relacionamento de longo prazo com você. Os homens desejam se casar com mulheres completas. Notícia exclusiva: se os homens fossem explicar isso às mulheres, nunca conseguiriam ir para a cama com nenhuma delas.

De acordo com a mídia, é *bacana* convidar uma amiga para fazer um *ménage à trois*. E é *legal* colocar uniforme de colegial ou pular para cima e para baixo em um mastro, usando peruca e fantasia de pastorinha. Algumas academias até têm aulas especiais para ensinar as mulheres a dançar como se fossem *strippers*. As mulheres ficam lá agarrando as costas de cadeiras e se arrastando de quatro pelo chão enquanto uma música bem sensual toca no volume máximo.

Ao mesmo tempo em que isso pode ser algo bem engraçado de assistir enquanto você está correndo na esteira, você pode ficar pensando: "Ah não... é melhor eu fazer uma dança sensual sentada em cima dele quando estiver vendo tevê para deixá-lo feliz." (Dê um tapa em si mesma antes que eu vá aí para fazer isso pessoalmente.) Se você utilizar o sexo para agarrá-lo, garantirá contato imediato e fará com que ele anote seu nome na lista negra dele. Mas não vai conseguir o véu... a aliança... e o jogo de panelas antiaderentes.

Quem você imagina em um relacionamento de longo prazo? Um cara de sunguinha amarelo-limão com notas de um dólar enfiadas na lateral e um belo rebolado? Ou um sujeito bonitão, de terno, com plano de aposentadoria? Da mesma maneira, os homens desejam uma mulher completa. Fantasiam ter uma mulher que valha a pena, de quem possam se orgulhar, com quem ficariam abraçadinhos na frente de uma lareira. Mais uma notícia exclusiva: um cara que vale a pena não vai se casar com uma mulher que se *menospreza*.

Você já reparou que as *strippers* não gostam da palavra *stripper*? Opa. Desculpe por ser tão insensível. Eu confirmo, com todo o respeito, que elas são "dançarinas exóticas", que têm uma ocupação honrosa para conseguir pagar as mensalidades da faculdade de medicina. E meu vizinho traficante de *crack* é um farmacêutico exótico. Assim que terminar seu curso das artes da química, vai fazer mestrado de farmacologia.

Lembre-se de que se você aparecer no primeiro encontro usando uma calcinha fio dental supercavada, cravejada de *strass*, e no encontro seguinte estiver usando uma minissaia que poderia fazer às vezes de bustiê infantil, ele vai enxergá-la como propriedade coletiva: "Qualquer homem consegue isso, então eu não vou ser assim tão especial se ficar com ela."

E não é só isso: os homens se sentem extremamente inseguros em relação à quantidade de namorados que você já teve, *principalmente* quando estão pensando em casamento. Os homens até confessam ter um número mágico em mente quando perguntam com quantos homens você já namorou. (Qualquer coisa além dos números que cabem em uma mão é demais.) E não é necessário muito para que a imaginação deles comece a trabalhar a todo vapor.

Se você o vir com uma cueca velha, com um buraco na costura da frente, vai achar que lhe falta uma mulher para comprar cuecas novinhas. Com os homens, ocorre o oposto. Se ele a vir usando uma calcinha sexy com o elástico meio esgarçado ou desfiado, vai achar que aquilo é prova de que você andou transando recentemente. O mesmo vale para aquele sutiã preto de renda transparente que você estava pensando em usar para ele. Se estiver faltando um gancho ou se o fecho estiver meio torto (Deus me livre!), ele vai achar que já foi arrancado violentamente do seu corpo uma ou duas vezes.

PRINCÍPIO DE RELACIONAMENTO Nº 8

Quando você se veste com roupas curtas e decotes, ele não se lembra de como você fica linda nua e imediatamente pensa em todos os homens com quem você já foi para a cama.

Por essa razão, guarde a lingerie indecente com abertura na parte inferior, as meias arrastão, as peças de borracha, as tachas de metal e as fitas amarradas. Se você usar isso, vai parecer com aquelas mulheres que já foram para a cama com todo mundo. A maior parte dos homens diz que acha sexy quando a mulher coloca uma camisa deles com uma calcinha sensual por baixo. Assim, parece que ela é só dele. Se você for colocar algum tipo de roupa de dormir, escolha algo acetinado que você usaria mesmo que ele não estivesse lá. Assim, é mais provável que ele aprecie o sexo – e que aprecie você também.

Independentemente de qualquer coisa, os homens gostam de se sentir como um agricultor arando um campo pela primeira vez. (E sua função é fazer com que essa ilusão seja duradoura.)

Mito 3:
Você tem que ser qualquer coisa que *ele* deseje

Esta é uma das principais diferenças entre uma mulher confiante e uma boa moça. A boa moça conhece um cara e age como se tivesse entrado para uma congregação religiosa. Se ele for do tipo espiritual que gosta de comer granola, as preces matutinas dela serão lotadas de granola. Se ele for italiano, ela vai preparar almôndegas. Se ele for judeu, ela vai fazer bolinhos *matzo*. Se ele gostar de barcos, ela vai assinar alguma revista náutica. Se ele for ambientalista, ela vai começar a abraçar árvores, chupar capim e trocar o jipão por um carro ecologicamente correto.

Por isso, quando vemos um homem loucamente apaixonado pela esposa, em geral ela é uma mulher com ideias próprias. Ela não fica se fazendo de boba para agradá-lo. As luzes estão acesas... e a mulher poderosa está em casa.

Quando o ator Michael J. Fox conheceu sua mulher, Tracy Pollan, estavam gravando um episódio do seriado *Caras e Caretas*. Durante um intervalo de almoço, ele se aproximou dela e fez um comentário grosseiro a respeito de seu hálito: "Querida, você comeu camarão com alho ou o quê?" Ela imediatamente o dispensou e saiu andando. Até hoje, ele se lembra: "Fiquei a fim dela a partir daquele momento."

Se Michael J. Fox for como a maior parte dos homens, o que o impressionou foi o fato de a mulher dele não ser uma mosca-morta. Ela o encarou como um mecânico suarento quando ele ultrapassou os limites. *E ele gostou.* Hoje, vinte anos depois, estão casados, têm quatro filhos e ele ainda diz como a acha linda em entrevistas na televisão.

Ter respeito por si mesma é como nocautear um cara. Quando você tem segurança suficiente para mostrar força e fazê-lo ver que não tem medo de perdê-lo, ele, sim, passa a ter medo de perdê-la. "Uau, ela é rápida. Isto sim é uma qualidade. Vou precisar me policiar para mostrar quais são as minhas *melhores* qualidades para que ela continue interessada em mim." E, em breve, as pizzas com cerveja serão substituídas por rosas vermelhas e champanhe Cristal.

Veja um exemplo. Roger e Cheryl são tão diferentes quanto a noite e o dia. Ele gosta das coisas refinadas da vida. Cheryl adora fazer compras em lojas de R$1,99, lugar em que ele prefere morrer a ter que entrar. (Ele diz: "Esse é o lugar onde a ralé faz compras.") Quando ela entra em brechós, ele fica esperando no carro, encolhido atrás da direção, para evitar que alguém o reconheça. Mas isso não impede Cheryl de ir. Ela faz um sanduíche para Roger e, depois que ele acaba de comer, provoca: "Gostoso, né? Sabe, todos os ingredientes vieram da loja de R$1,99." O homem a adora tanto que se deitaria no meio do asfalto de uma estrada movimentada por ela.

Quando um homem gosta de você, deseja descobrir do que você gosta. Se ele conseguir fazê-la feliz, vai se sentir mais seguro. Tudo que os homens fazem é com a intenção de impressionar as mulheres – seja ir à lua, tornar-se astro do rock ou dirigir um carro bacana. O Taj Mahal foi construído para uma mulher. Os brinquedos, as casas, os ternos bem cortados... tudo é feito para impressionar uma mulher. *Seja esta mulher.*

Quando ele perguntar que tipo de comida você gosta, seja sincera. É bom dizer a ele como agradá-la porque, *quando ele a agrada, está envolvido no relacionamento.*

No início, o cara pode perguntar para a mulher do que ela gosta. A boa moça comete o erro de dar de ombros. "Gosto de qualquer coisa de que você gostar. Tanto faz... não sou fresca." Ela acha que está sendo atenciosa, mas a mensagem que passa é a seguinte: "Aceito você de qualquer jeito se for preciso... mesmo que você só me dê migalhas."

Então, vamos acabar com alguns mitos relativos às boas moças.

1. Para um cara, uma "mulher tanto faz" é o mesmo que uma "mulher que aceita qualquer coisa".

Exemplo clássico: imagine um sujeito que a leve para ver um filme ruim e depois pergunte o que você achou. Se tiver sido horrível e você responder: "Adorei os efeitos especiais!", ele vai respeitá-la um pouco menos do que se você responder: "A companhia estava ótima, mas o filme era um saco. E eu achei ruim por causa disso, disso e disso." Quando um homem sabe que você vai ser direta e dizer o que pensa, vai considerá-la uma candidata mais provável para casar.

O que o homem lê na mulher agradável, do tipo "tanto faz" e "tudo bem", é o seguinte: "Não sou segura o suficiente para tomar decisões." Este é um dos meios que os homens usam para avaliar se você "é boa para um relacionamento" e se "é boa para casar". Ele não quer uma mulher que faça tudo para ele nem uma que só fique assentindo com a cabeça como um boneco para tudo que ele diz. Isso nos leva à segunda lição em relação às boas moças:

2. A maneira mais rapida de entediar um homem é sempre fazer o que ele pede.

Houve diversas vezes em que entrevistei homens casados que disseram especificamente que esse atributo faria com que colocassem fim ao relacionamento. Um homem casado disse: "Namorei algumas mulheres com quem não fui capaz de me casar. Foram sempre as mulheres dispostas a largar tudo para fazer qualquer coisa que eu quisesse."

PRINCÍPIO DE RELACIONAMENTO Nº 9

Todo homem sabe que pode encontrar uma garota que se satisfaz simplesmente por satisfazer a *ele*. Mas ele fica muito mais excitado com uma mulher que também se preocupa com o próprio prazer.

O que um cara que vale a pena busca, em segredo, é uma namorada que também seja sua melhor amiga. E parceira no mesmo nível. Quando entrevisto homens, sempre me surpreendo quando eles falam em "conexão emocional". Um deles me surpreendeu ao dizer: "O homem quer tudo que a mulher quer. Se você realmente gostar dela, vai ficar pensando que tipo de esposa ela seria. Mas a maior parte dos homens não reconhece isso porque não quer que a mulher saiba que eles gostam *tanto* assim delas. É mais seguro mostrar apenas interesse sexual, porque isso é considerado uma atitude 'de macho'. Mas, lá no fundo, os homens também querem ter conexão emocional."

Não apenas isso, mas ser agradável demais também impede que você conheça aspectos fundamentais a respeito dele antes de se comprometer em um relacionamento de longo prazo. Algo imprescindível que você deve saber sobre um homem é *o quanto ele respeita sua opinião.*

PRINCÍPIO DE RELACIONAMENTO Nº 10

Dá para ver o quanto alguém a considera pelo respeito que tem à sua opinião. Se ele não considerar sua opinião, *não a respeitará de maneira geral.*

Quando você concorda com tudo para não criar problemas ou se mostra agradável e passiva demais, abre caminho para o desrespeito dele.

Cynthia e Jon haviam saído e ele perguntou: "O que você faz para se divertir?" Cynthia respondeu: "Comprei um cortador de grama de última geração. Na semana passada, eu me diverti cortando a grama da minha casa." Depois, ela descreveu alguns de seus outros passatempos. Veja quais foram as observações dele: "Ela não ligou para a possibilidade de eu achar tudo aquilo idiota ou esquisito. Essas são as coisas dela, mostram quem ela é. O fato de ela ter orgulho daquilo me deixou bem animado."

Ele não era obrigado a gostar de tudo. Mas respeitou. Por esse motivo ouvimos casais que têm casamentos felizes dizerem: "Realmente nos adoramos... apesar de não termos nada em comum."

Sempre que alguém lhe diz para ser *diferente* de quem você é, está sufocando você. Há certo tipo de desvantagem em ser igual a todo mundo.

Pense na clássica cena do filme *Beleza Americana*. Em uma das últimas cenas, Angela, a animadora de torcida loura e lindinha, começa a discutir com a amiga meio relaxada, Jane. A certa altura,

Angela diz a Jane: "Pelo menos não sou feia!" O namorado de Jane diz a Angela: "É sim. E você é chata. E é absolutamente comum, e sabe muito bem disso."

Este é exatamente o oposto do que se ensina às mulheres. Algumas mulheres não têm a sorte de ter pai ou mãe, ou uma professora ou outro modelo de conduta para ensiná-las a desenvolver suas habilidades, seguir uma carreira ou acreditar em si mesma. A mensagem velada é que as mulheres devem investir em suas habilidades para arrumar um homem, em vez de se esforçar em outros aspectos. "Algum dia, vai aparecer um homem para cuidar de você." Vai mesmo. Com toda a certeza. Ele estenderá o tapete vermelho *quando você não precisar disso*. Em outras palavras, quando você agir como se estivesse com ele porque ele é fofo e você tem tempo de sobra. Não porque ele é a solução para todos os seus problemas. Os homens percebem o quanto você precisa deles e *no mesmo instante se sentem pressionados e recuam*. A pressão acaba quando você se transforma em uma pessoa apaixonada pela própria vida, não se entrega e se concentra em concretizar os próprios sonhos.

Homens usam palavras diferentes, mas, de maneira geral, todos dizem a mesma coisa. Quando uma mulher se torna absolutamente obcecada pelo relacionamento, quando o mundo todo dela se resume a ele, a pressão se torna insuportável. "E se ele fizer X? Será que faço Y? E se ele disser isso? Será que respondo aquilo?" Os homens partem do princípio de que a mulher é molenga ou que está obcecada quando para de emitir sua opinião e tem medo de dizer: "Não, não quero fazer isso." Ou: "Não, de jeito nenhum." Qual é o resultado? Uma aterrissagem forçada.

PRINCÍPIO DE RELACIONAMENTO Nº 11

É melhor que não gostem de você por ser *autêntica* do que ser amada *pelo que não é.*

No filme *Closer – Perto demais,* Natalie Portman pergunta a Jude Law por que ele está tão apaixonado pela fotógrafa, interpretada por Julia Roberts: "Por que ela tem uma carreira de sucesso?" Jude Law responde: "Não. Porque *ela não precisa de mim.*"

Para compreender melhor por que um homem fica tão excitado quando acha que você é diferente das outras, vamos consultar mais uma página do manual secreto dos homens.

> Uma página do manual masculino
>
> Vivemos em um mundo masculino, por isso estamos acostumados a conseguir tudo do nosso jeito. Mas, quando uma mulher tem um jeito próprio de agir, torna-se muito intrigante. Apesar de parecer que ficamos um pouco confusos quando não conseguimos as coisas do nosso jeito, em segredo, respeitamos isso. De repente, começamos a enxergar a situação de uma perspectiva diferente. E daí passamos o resto do tempo tentando descobrir como nos encaixar no interessante mundo *dela.*

Agora, vamos falar a respeito de como incluí-lo em... seu mundo intrigante.

2

FAÇA COM QUE *ele* CORRA ATRÁS DE VOCÊ... ATÉ QUE *você* O CONQUISTE

Como convencê-lo de que assumir compromisso foi ideia *dele*

Quando as mulheres fazem tudo errado,
os homens saem correndo atrás delas.

MAE WEST

A mulher poderosa faz com que ele baixe a guarda

Não dá para fazer com um homem o que se faz com um bezerro em um rodeio: laçá-lo, jogá-lo ao chão, amarrar suas patas e obrigá-lo a se casar com você. Assim como o bezerrinho, ele corre feito louco para fugir. Em vez de tentar pegar um homem pelo laço, você precisa mudar sua abordagem. Quando o negócio é compromisso, *ele mesmo se prende*. Você só precisa ser feminina, delicada, charmosa e agradável. Então, jogue a corda *para ele*. Observe. Ele vai se enroscar todo com ela.

Bem no fundo, os homens querem ser galantes. Querem uma mulher a quem possam agradar e por quem possam fazer tudo. Da mesma maneira que o instinto feminino é agradar, o instinto masculino é perseguir. Ele quer que você fique achando que ele é obscuro, envolto em névoas e misterioso como James Dean em *Rebelde sem causa*. Quer imaginar que a está deixando cega com seu "encanto" e que você foi arrebatada por ele. Mas espere... ele não pode conseguir tudo isso com facilidade *demais*. Ele quer conquistá-la... *aos pouquinhos*.

PRINCÍPIO DE RELACIONAMENTO Nº 12

Homens gostam de ser curiosos. Gostam de sentir que há algo além do que eles já sabem.

Mandy é um exemplo perfeito de mulher que tentou acelerar esse processo. Brandon queria levá-la para jantar no segundo encontro, mas ela fez questão de cozinhar para ele, em vez de sair. Quando ele chegou à sua casa, deparou-se com uma produção cinco estrelas. Ela serviu *foie gras*, o melhor patê de fígado de ganso do mundo. Quando ele esticou a mão para pegar o sal, ela começou a se desculpar: "Em geral, cozinho melhor do que isso." O que ela mostrou é que estava se importando demais... cedo demais.

Veja o que Brandon achou de tudo: "Depois do *foie gras*, percebi que ia conseguir ir para a cama com ela. E vi logo que ela queria uma aliança no dedo. Mas, se ela me jogasse um cachorro-quente ou um hambúrguer na frente, significaria que eu ainda tinha algo a provar. Quando não tenho certeza do *quanto* elas gostam de mim, aí é que começa o desafio."

Se você deixar transparecer que se sente insegura a respeito de conseguir conquistá-lo ou não, ele saberá que você é dele. E, se ele souber que você é dele, é improvável que você suscite nele aquela atração arrebatadora necessária para que ele deseje se casar com você. A partir do momento em que ele se assegura de que você está *totalmente entregue*, 100% ligada nele, não há mais nada excitante a seu respeito.

PRINCÍPIO DE RELACIONAMENTO Nº 13

O grande desafio mental não é:
"Será que consigo levá-la para cama?"
E sim:
"Será que consigo atrair e *manter* a atenção dela em mim?"

O homem que entra em um novo relacionamento é como um menininho com um quebra-cabeça novo nas mãos. Se ele abrir a caixa e a figura já estiver montada, toda a diversão e a animação do brinquedo deixam de existir. Mas, se a criança tiver de pensar, imaginar, elaborar estratégias e juntar todas as pecinhas, sua mente ficará estimulada. E, então, o garotinho ficará animadíssimo.

Quando o negócio é garantir o interesse de um homem em um compromisso, a melhor estratégia é agir como se você gostasse dele, mas como se não estivesse *assim* tão interessada em fisgá-lo. O objetivo não é parecer repelente, apenas discreta. E por "discreta", quero dizer que você deve ficar feliz quando o vê, mas não deve ir *entrando de cara no papel de namorada*. Se você partir do princípio de que não são namorados, ele vai baixar a guarda e começar a andar atrás de *você*.

A razão para isso é que os homens foram programados para proteger sua liberdade. Ele já começa meio desconfiado de que seu objetivo final, desde o início, é o casamento. Então, no minuto em que você começa a falar em compromisso, lançando indiretas sobre casamento ou com jeito de quem quer derrubá-lo, ele vai lutar pela liberdade. No segundo em que você proferir palavras como *monogamia, filhos* ou *caminhonete*, ele erguerá um muro: na cabeça dele, toda mulher está em busca de uma presa para poder tramar sua captura... sua prisão... e sua futura vida em cativeiro.

Você já se perguntou por que os homens leem revistas femininas? Para espionar a oposição. Os homens leem todos os artigos do tipo "Como fazer com que ele peça sua mão em casamento mesmo que tenha ido para a cama com sua irmã menor e sua prima dentuça". Sempre aparece a foto de um homem de costas para uma mulher fazendo biquinho, com expressão de contrariada, usando um sutiã caríssimo. Então, ele pensa: "Todas as mulheres já chegam com um plano pronto."

O que piora a situação são os conselhos pavorosos a respeito de como a mulher deve "negociar" verbalmente a relação. Seja ao falar da exclusividade desde o início ou do noivado um ano depois, a sabedoria convencional diz que você deve colocar as cartas na mesa e dizer que almeja um relacionamento sério (como se ele ainda não soubesse). Em outras palavras, aja em ritmo acelerado. Isso, segundo os supostos especialistas, economiza tempo e faz com que você vá direto ao assunto para saber logo se ele tem o "casamento em mente". Certo? Calma aí!

Os homens têm um nome para isso. Chamam de "a conversa". É o primeiro sinal de problemas. Aqui estão algumas frases que as mulheres dizem durante o jantar ou quando estão na cama, nos primeiros dois meses de relacionamento:

A temida "conversa"

Para onde isso está caminhando?
Como você imagina o futuro?
O que você pensa sobre assumir compromisso?
Estou em busca do homem certo para mim.
Você está a fim de se acertar?
Eu me recuso a perder tempo em uma situação sem futuro.
Gostaria de ter filhos.
Você se vê casado? Ou casado de novo?
Estou em busca de segurança. E você?
Meu relógio biológico está gritando.

A mulher acha que ficar soltando indiretas sutis vai ajudar a apressar as coisas. Mas o homem encara tudo isso como algo *óbvio demais*. É tão explícito quanto um fazendeiro que abre a boca de uma mula para examinar os dentes e exclama: "Belezura! Fico com ela."

PRINCÍPIO DE RELACIONAMENTO Nº 14

Seu poder se dissipa no minuto em que você começa a perguntar: "Qual é a posição que ocupo em sua vida?". Porque, assim, a mensagem que você transmite é: "Você é quem *define* os termos do relacionamento."

Se acontecer cedo demais, ele vai se sentir coagido a entrar em um plano que não é mais dele. Bastam uma ou duas dessas frases e... *puf!*

- Os alarmes disparam,
- Ele assume posição defensiva e
- Começa a planejar a fuga.
- Só que não vai demonstrar (até conseguir ir para a cama com você).

Ele pode ficar por perto durante três meses, ou pode esperar seis para cair fora. Mas, se você disse a ele que não quer "perder tempo em uma situação sem futuro" ou que quer estar casada em um ano, a única mensagem transmitida é que ele tem de fugir de você. Por isso, ser "sincera" logo de cara não funciona.

PRINCÍPIO DE RELACIONAMENTO Nº 15

Quando um homem se põe na defensiva, não se apaixona nem cria laços. A única maneira de fazê-lo se envolver consiste em fazer com que ele baixe a guarda primeiro.

É algo semelhante à maneira como as mulheres abordam o sexo. Se um cara dá em cima de você em um bar e exagera na dose, você provavelmente vai pensar: "Isto não é exatamente um elogio. Ele está tão necessitado que vai pra cama com qualquer coisa que use saia." Porque o sujeito é tão óbvio que suas defesas imediatamente se erguem e você não quer nem saber dele. Certo?

Esta é exatamente a maneira como os homens abordam o noivado e o casamento. Sentem que a maior parte das mulheres se casaria com um ex-presidiário desdentado, desde que ele se ajoelhasse e dissesse que o penteado dela é bonito. Então, no segundo em que você toca no assunto, ou se parece preocupada demais em garantir um relacionamento sério desde o início, já cai na categoria daquelas que têm "um plano" ou "uma artimanha". E daí *o interesse dele por qualquer coisa de longo prazo escorre pelo ralo.*

PRINCÍPIO DE RELACIONAMENTO Nº 16

Quando uma mulher se afoba, o homem fica achando que ela está apaixonada por uma "fantasia" ou pela *ideia* de estar em um relacionamento. Mas, se ele for obrigado a conquistá-la aos poucos, de maneira progressiva, vai achar que ela está se apaixonando por *quem ele é.*

Para ele, uma placa de "Vaga para namorado" ou "Procura-se marido" parece algo tão bom quanto pisar em uma armadilha de urso. Ele quer sentir que conquistou aquela garota especial e difícil. E nenhum cara se sente assim quando a mulher se comporta como se já houvesse uma vaga disponível antes de ele chegar.

Eddie explicou:

> Minha ex-namorada me disse: "A maior parte dos homens se agarraria à oportunidade de se casar comigo. E, se você não se casar, posso acabar me casando com algum amigo seu." Isso é o mesmo que um homem chegar para uma mulher e dizer: "Se você não fizer amor comigo, vou arrumar uma amiga sua

para levar para a cama." As mulheres ficam falando sobre casamento o tempo todo e não fazem ideia de como a mensagem é captada.

Na cabeça dele, você está desvalorizando o relacionamento. Você quer arrumar um marido com rapidez, mas não está necessariamente em busca de qualidade. Isso faz com que ele se sinta um idiota qualquer. E todo mundo gosta de achar que é especial.

Ainda por cima, ironizar não vai fazer com que sua motivação pareça menos óbvia. Allison é um exemplo perfeito. Ela e Jamie saíram algumas vezes e, certa noite, beberam um pouco demais. Ela olhou para ele em tom de piada e disse: "Eu sou só uma bunda gostosa ou você tem algum sentimento por mim?" Isso mostra a um cara que a mulher tem baixa autoestima. Se ela tivesse certeza de que é mais do que um corpo bonito, nunca faria uma pergunta desse tipo.

Então, regra número um: você tem de ser recatada. Precisa se mostrar a ele de um modo *diferente* em relação àquilo com que ele está acostumado.

PRINCÍPIO DE RELACIONAMENTO Nº 17

Nem chegue a mencionar a palavra "compromisso". *Este é o truque.* Quanto menos você tocar no assunto, mais próxima estará de sua concretização.

Na verdade, cada vez que você diz a palavra *compromisso*, só faz com que ele fique algumas semanas ou meses mais distante. E não fale sobre exclusividade nem monogamia. Quanto menos você perguntar, mais ele vai se abrir. Todas as negociações têm de ser 95% não verbais e 5% verbais. Você tem de agir como se ainda o estivesse conhecendo, como se assumir compromisso não estivesse, de jeito algum no seu radar.

Isto vai desarmá-lo. Agora ele é um guerreiro sem um plano de batalha porque não faz ideia de como se maneja uma espada. Com a boa moça, ele consegue enxergar o plano dela e vencer. Mas, com a mulher poderosa, ele não *consegue* enxergar seu oponente nem sua estratégia. É exatamente aí que ele cai... bem na mão dela.

Então, vamos treinar. Vamos fingir que você está em um encontro. Imagine que está no carro dele, à luz do luar, e vocês estão se beijando. Enquanto ele vai fazendo carícias em você, pergunta: "Onde você se vê daqui a cinco anos? Você se vê casada?" (Não que ele se importe. Só precisa fingir que está interessado em um "relacionamento significativo" para acertar o alvo.) Então, você responde: "Ah, sim. Eu me vejo casada, com dois filhos. Um menino e uma menina." (Corta!!! Resposta errada. Vamos reescrever o roteiro e refilmar a cena.)

Você precisa deixar seu relógio biológico em compasso de espera. Se um homem lhe fizer uma pergunta direta sobre casamento ou filhos, você tem de rebater a pergunta com uma das opções a seguir:

"Casamento? Quem, eu? Acho que, se eu achasse alguém bem especial, pensaria no assunto. Mas essa pessoa realmente teria de ser fantástica."

"Nem passa pela minha cabeça. Acho que dependeria da pessoa e de como nos sentíssemos em relação um ao outro."

Em outras palavras, aja com o mesmo tipo de entusiasmo que agiria se ele perguntasse qual é a potência do motor de seu carro.

O negócio é não dar a ele nenhuma *garantia*. Além disso, assegure-se de usar a palavra preferida dele: *diversão*. Usada em uma frase como esta: "Estamos aproveitando a companhia um do outro e só nos *divertindo*." Veja como a palavra *diversão* se traduz no cérebro masculino:

Nenhuma pressão. Nenhuma expectativa. Nenhuma exigência.

No final de um encontro, evite perguntar: "Quando vamos nos ver de novo? Quando você vai me ligar?" Em vez disso, brinque com sua feminilidade. Sorria, dê um beijo nele, agradeça e diga como você se divertiu. Então, mande-o embora com determinação. Não se esqueça da palavra mágica: *diversão*. Ele é um "sujeito divertido mesmo". Isso passa a mensagem de que você vive o momento presente. E o que você vê no futuro? Opa! Você nem sabe o que vai acontecer depois do próximo fim de semana.

Para uma mulher, isso parece tortura ou um truque de mágica cruel. Mas, para um homem, trata-se da concretização de uma utopia e de um sonho prazeroso. De repente, ele pode relaxar e aproveitar. "Uau! Que legal! Finalmente posso me aproximar de uma mulher sem ficar me preocupando com o fato de ela querer me prender." Agora você se transformou naquela mulher legal dos sonhos dele, de quem ele sempre ouviu falar, mas que nunca havia encontrado. *Assim, ele baixa a guarda e se apaixona.*

Portanto, em um encontro, fale sobre tudo que a interessa. Só não fique batendo nas teclas dos relacionamentos, do "futuro", dos filhos ou do casamento.

O contrário também é verdade. Se você nunca mais quiser ver um sujeito, fique falando de relógio biológico. Diga a ele que seu médico disse que seus óvulos estão madurinhos. Diga "Ooh" e "Aah" a cada bebê recém-nascido que avistar junto ao peito de uma mulher. Diga a ele que quer ter muitos filhos, que sua religião proíbe o uso de métodos anticoncepcionais e que sua mãe vai se mudar para a sua casa para ajudar a cuidar dos pequenos. (Custa menos do que contratar um advogado para conseguir um mandado para que ele não se aproxime de você, e é bem mais eficiente.) Como cartada final, compre um cartão e deixe na porta da casa dele com um chocalho e um ursinho Pooh de pelúcia. Então, escreva: "Não consigo comer nem dormir. Não paro de pensar em você. Não aguento esperar para darmos início a nosso futuro juntos." (Viu o Charlie? Ele passou por aqui agora mesmo, correndo como um louco...)

A mulher poderosa o convence de que ele "conquistou" o compromisso

Uma coisa é não oferecer garantias; outra bem diferente é deixar passar dois ou três meses e você continuar demonstrando que está *levemente insegura* a respeito do papel dele em seu futuro. Você deve continuar se mostrando bem sutil. Isso vai confundi-lo porque ele vai ficar se perguntando: "Espera aí, por que ela não está me pressionando para assumir um compromisso?" A certa altura, ele vai tocar no assunto. Uma boa resposta é a seguinte:

"Eu gosto de você, de verdade, mas ainda não tenho 100% de certeza. Ainda estamos nos conhecendo."

A resposta imediata dele será: "Você não tem certeza? Como assim, não tem certeza? Eu sou o mais inteligente, o melhor de todos e o mais esperto!" Automaticamente, ele vai ajustar suas ações para conquistá-la. Por quê? Para provar que é um partidão. E daí você vai matar dois coelhos com uma cajadada só. Não só vai conseguir fazer com que ele proponha que vocês assumam compromisso... como também vai convencê-lo de que a ideia foi *dele*.

PRINCÍPIO DE RELACIONAMENTO Nº 18

Se ele não tiver garantias, sentir-se apegado e achar que você pode ir embora a qualquer momento, então alimentará a ideia de que precisa ter um relacionamento mais seguro.

Ele pode desconfiar de que outros homens estão atrás de você. E é bom que fique com algumas dúvidas. Mas você nunca deve falar sobre outros homens diretamente. Limite-se a ficar indisponível de vez em quando. Desse modo, vai fazer as engrenagens da cabeça dele funcionarem automaticamente.

A razão pela qual manter certa distância faz com que um homem fique vidrado em você é porque nove entre dez mulheres *assumem o papel de namorada depois de um ou dois meses*. Primeiro, ela começa ligar para ele todo dia antes de dormir. Depois, as meias dele começam a aparecer guardadas em bolinhas e o armário é todo reorganizado. Os fins de semana dele são preenchidos com casamentos, open houses e chás de bebê. E, logo, ele estará com saudade dos domingos passados na frente da televisão assistindo a jogos de futebol com as mãos enfiadas dentro da calça (para ter certeza de que está tudo ok lá dentro).

Por essa razão, os homens recuam. O ajuste é drástico, rápido e fácil demais. Como se ele tivesse entrado para o exército, alguém lhe tivesse raspado a cabeça e ele não fizesse mais ideia de quem é. Ele deixa de ser "o homem". Ele passa a ser Bambi no alvo, e o alvo está situado bem em seus pequenos colhões de Bambi. Então, ele sai correndo pela porta... como se alguém tivesse atirado em sua direção.

Lembre-se de que você tem vontade de conversar sobre compromisso, mas ele não. Compromisso é algo em que o homem precisa cair. É mais ou menos como cair em um buraco de dois metros no chão sem se dar conta de que ele estava ali até que seja tarde demais. Ele saiu para um belo passeiozinho e... opa! Caiu. "Socorro, caí e não consigo me levantar!" Agora ele está colado ao chão como uma colherada de geleia esparramada.

PRINCÍPIO DE RELACIONAMENTO Nº 19

Não há nada que um homem valorize mais do que algo pelo que ele precise esperar, para o qual precise se esforçar ou que precise lutar um pouco para conseguir.

Os homens são competidores natos. E o lado irônico disso é que ele fica achando que a relação toda é dominada por ele e que ele está no controle de "para onde isso aqui vai" quando acha que você *não* é dele. Para ele, dominar é conseguir a mulher que ele realmente deseja. Sente-se preso quando é agarrado por uma mulher que o escolheu. Essa segunda opção para ele corresponde a abrir mão de sua masculinidade. Por isso, você deve parecer desavisada e deixá-lo com a impressão de que ele controla tudo. Veja o que você deve fazer:

Como convencê-lo de que ele é *quase* um vencedor

- Comece dando a impressão de que não deseja se apegar muito a ele. Na cabeça dele, isso significa que ele *ainda* não é "maravilhoso".
- Então, dê algum incentivo, mas não muito. A melhor maneira de fazer isso é dispensar elogios de maneira estratégica. "Você é tão inteligente..." Assim, ele fica pensando que você o admira, mas que ele domina a relação e controla "para onde isso vai".

- Não se esqueça de dizer: "Realmente dou valor à sua opinião, será que posso pedir um conselho?" Ele, então, vai gastar uma hora inteira para mostrar-lhe como é "macho". É proibido bocejar; simplesmente peça mais um drinque.

- Seja afetuosa em público. Abrace-o pela cintura quando estiverem esperando na fila do cinema. Fique bem pertinho dele aqui e ali. Pegue na mão dele durante o jantar. Faça um carinho no joelho dele quando estiver dirigindo, porque nessa situação as mãos dele estão ocupadas na direção ou no câmbio. Não faça nada em excesso — só um pouquinho. E tente manter o sexo em compasso de espera.

- Quando ele se tornar um pouco mais agressivo, não responda cheia de disposição. Se ele pegar na sua bunda ou tentar aproximar a mão dos seus seios, deixe que brinque um pouco, mas não muito. Daí, você vai poder dizer: "Deixe que eu o procure." Ter uma mulher que o ataque é o sonho de todo homem. Ele vai ter paciência enquanto não achar que está perdendo tempo e *conseguir enxergar uma luz no fim do túnel.*

- Se ele lhe der um beijo e você responder com "Aaah, isso sim, isso mesmo", então ele vai captar a seguinte mensagem: "Ela está pronta para ir para a cama." Mas, se, em vez disso, você ficar fria quando ele a atacar, então ele terá de ficar se perguntando o que você quer. *É exatamente nessa situação que você deve mantê-lo, porque nesse momento ele estará refletindo sobre o que deve fazer para agradá-la e conquistá-la.*

- *Quanto mais tempo você o mantiver sem saber se a conquistou, mais ele vai adorá-la e mais apegado a você ficará.*

- Tampe a panela. Deixe cozinhar em fogo bem baixo até levantar fervura.

Quando um homem está em modo de caça, sente-se do mesmo modo como se estivesse na frente de um caça-níquel em um cassino. Ele pode perder dez vezes consecutivas, mas estará sempre ansioso, pensando: "Estou quase ganhando." Cada vez que ele acha que está perdendo, tudo que você precisa fazer é aumentar o prêmio. Se pedir para ele consertar algum objeto, ele vai se sentir um campeão. Se ele sugerir que assistam a um filme de bangue-bangue ou que saiam para andar de kart e você responder: "Não, não vou", e depois de vinte minutos mudar de ideia: "Não, você tem razão, vamos andar de kart", ele volta a ganhar a liderança. Ele acha que domina o show todo – desde que você mostre que tudo foi uma ideia "brilhante" dele. Até mesmo por essa razão a aliança de casamento que ele compra é bem chamativa. Por quê? Para que os outros homens olhem para o anel e digam: "Não posso competir com isso." Aí, ele volta a ser o vencedor.

Liz e Matt estavam em um pequeno restaurante italiano romântico mais ou menos seis meses depois de terem começado a sair. Antes de o jantar ser servido, ele disse: "Olha, não estou pronto para nada mais sério. E você? Você quer se casar?" Ela respondeu de maneira brilhante: "Caramba, hoje à noite não posso. Meu vestido está na lavanderia e preciso acordar cedo. Mas me sinto muito lisonjeada. Obrigada pelo pedido." (Um ano depois, ele se levantou e contou essa história para os convidados do casamento deles.)

Quando um homem tem que ficar imaginando o que você quer, o compromisso se torna algo desejável porque ele tem a oportunidade de tocar no assunto. Ele também não precisa se preocupar com o seguinte: "Será que ela está apaixonada por mim ou pela fantasia?" Essa consideração tem um peso enorme na equação do compromisso para os homens.

Por outro lado, se você for sorrateira, ele vai entrar no "modo do adiamento". Isso significa que ele vai fazer com que *pareça* que a coisa está andando para frente, mas, na verdade, nada está avançando. Visualize um avião taxiando na pista de decolagem, dando voltas e voltas, sem nunca levantar voo. É assim que os homens geralmente se comportam nos relacionamentos. Criam a aparência de que há progresso na relação, mas, na verdade, eles a colocaram no gelo. E você dá corda a isso ao ignorar o que ele diz, *ao não deixar óbvio que deseja uma "relação significativa"* e ao observar com cuidado as ações dele.

Como tudo isso é muitíssimo importante, recapitulemos a dinâmica do namoro, *para que você possa reconhecer as armadilhas em que não deve cair.*

Por que os homens se apavoram e fogem do compromisso

Primeiro, temos uma mulher de quem ele gosta muito. A aura independente e levemente difusa dela lhe transmite uma primeira impressão importante:

"Ela não precisa de mim. Ela gosta de mim por quem eu sou. Quero conhecê-la melhor."

Até aqui, tudo bem. Se ela começa a questioná-lo sobre "suas intenções" ou sobre "o futuro", ele dirá:

"Vamos nos conhecer aos poucos para ver aonde isso vai dar." Ou: "Vamos viver um dia de cada vez."

Às vezes, as mulheres interpretam isso de maneira equivocada e compreendem que é uma rejeição. Então, começam a fazer pressão para obter mais segurança verbal:

"Para onde isso aqui está indo?"

"Como você vê nosso futuro?"
"Em que posição estamos?"

(Agora, vamos apertar o botão do *pause.*) Veja por que você não vai obter a resposta que deseja. Se ele estiver operando de acordo com o próprio ritmo, compromisso ou exclusividade é um assunto que virá à tona no intervalo de três a seis meses. A maior parte das mulheres não espera tanto assim. Elas tocam nesse assunto depois de duas ou quatro semanas. O homem precisa sentir que é desejado por *quem ele é* antes de se comprometer e, na cabeça dele, não há como conhecê-lo o suficiente depois de algumas semanas para tomar essa decisão. Isso não tem nada a ver com sair com outras mulheres ou com "fobia de compromisso". Ele quer sentir que você se apaixonou por ele devido às qualidades únicas que ele possui, e que o fato de ser "magnífico" e "brilhante" foi o que a conquistou. E que você não ficaria com qualquer sujeito que a aceitasse. Esta é a razão número um pela qual os homens recuam. Por isso você tem de passar a ideia de que ainda não se decidiu. Ele deseja que sua busca seja completa e detalhada, porque você é uma mulher consciente que não se contenta com nada além do melhor. Se você estiver com pressa, ele vai pensar:

"Ela é insegura e precisa preencher um vazio.
Ela não consegue ficar sozinha."
"Só estou preenchendo uma vaga. Ela precisa de mim para assinar os cheques dos sonhos dela."
"A atenção dela ou o desejo de garantir uma relação segura não tem nada a ver comigo em particular."

É aí que o padrão do adiamento e as táticas de enrolação começam: **"Espaço. Preciso de espaço." "Estou muito ocupado com o trabalho. Preciso que a situação mude antes que eu possa assumir um**

compromisso." "Não foi nada que você fez; o problema sou eu. Caí da bicicleta na terceira série, e minhas questões não-resolvidas da infância me impedem de assumir compromisso. Meu terapeuta disse que intimidade excessiva seria algo danoso à minha cura emocional." "É que ainda não estou pronto... por enquanto. Mas pode ser que eu pense diferente daqui a seis ou nove meses. Enquanto isso, quem sabe você não tenta me convencer, de preferência nua [e abre o zíper da calça]. Isso mesmo... aah... isso, que delícia. Não para..."

Sempre que você "faz campanha por um posicionamento" ou tenta fazer as coisas avançarem, o cara se mostra reticente em trocar de marcha. Isso é verdade depois de tres meses ou de três anos. A cada intervalo, você precisa fazer parecer que a ideia é *dele*. Homens são caçadores. E ele tem de caçá-la... até que você o fisgue.

Shawn e Teresa são um bom exemplo do que geralmente ocorre depois de seis ou nove meses nessa situação. Eles passaram quase um ano envolvidos em um relacionamento sério. Ele ja fora casado antes. A ex-mulher ia se casar de novo e liberaria a casa que havia sido dos dois no refinado bairro de Bel Air, em Los Angeles. Shawn disse a Theresa que estava muito feliz por estar voltando para aquela casa linda. Naquele domingo, ele passou de carro com ela pela frente da casa para mostrar-lhe. Quando chegaram em frente ao imóvel, ela soltou, na mesma hora: "Quando você voltar a morar aí, eu vou morar com você!" Até então, Shawn estava pensando nesse sentido. Mas, quando Theresa disse aquilo, ele ficou com vontade de se afastar dela, de ir para o lado oposto. Na cabeça dele, a decisão tinha de ser tomada por ele. Não por ela.

PRINCÍPIO DE RELACIONAMENTO Nº 20

Assim que a mulher entrega de bandeja ao homem um relacionamento mais sério, ele relutará em aceitar.

Por essa razão, com frequência ouvimos falar de homens que entram em pânico quando a mulher deixa uma escova de dente ou um secador de cabelo na casa dele. Como acontece no filme *Como perder um homem em dez dias* ou na saga de Carrie e Big em *Sex and the City*. Existem várias providências que as mulheres tomam para "fazer tudo avançar" que os homens encaram como obviedades. As mulheres veem esses atos como algo inocente, mas os homens acham que está tudo na cara. Quando entrevistei alguns homens, eles disseram que conseguem perceber até mesmo as nuances mais discretas. A lista a seguir se baseia no que eles me contaram:

- Não o vá apresentando de imediato como seu "namorado". Isso sugere a um homem que você já está prontinha para o compromisso em longo prazo, e sua intenção é passar a ideia de que ainda não se decidiu.
- Nada de ficar lançando olhares de adoração. Para você, isso é romântico. Mas para ele é o mesmo que ser observado do mesmo modo que um leão olha para uma gazela que deseja atacar. Se você nunca viu um leão olhando para uma gazela, saiba que ele se esconde no meio do mato e fica observando o que ela faz. É assim que os homens se sentem quando você começa a lançar olhares gulosos na direção deles.

- No caso de mensagem de voz, quanto mais curta, melhor. E não professe seu amor do alto da montanha. Frases íntimas ou cheias de fofura como: (biiip) "Oi, amor. Só liguei porque estava com saudade"; ou "Oi... sou eu, liguei só para ouvir sua voz"; ou "Você sabe quem é" depois de apenas um ou dois encontros fazem disparar um alarme. Por quê? Porque você *parte automaticamente do princípio* de que vocês dois formam um casal. Quando deixar um recado, deixe seu nome e o número de telefone como se fosse a primeira (e última) vez que está ligando. Isso se traduz em: *inatingível.*

- Não lhe dê de presente porta-retratos com fotos suas para colocar em casa ou no escritório. E também não fale nada a respeito de possíveis fotos de ex-namoradas. Para que você possa dar o fim adequado a essas lembranças, simplesmente espere até vocês irem morar juntos. Na hora da mudança para a nova residência, algumas caixas podem desaparecer misteriosamente...

- Não mencione a família dele nem o leve para conhecer a sua *até que ele assuma um relacionamento sério com você.* É batata! Sua bisavó vai chamá-lo de todos os nomes de seus ex-namorados, vai lembrá-la de que "você não é mais menina" e perguntar para quando está marcado o casamento. E daí, vai gritar: "Cadê minha sopa?"

- Não toque no verbo amar nos dois primeiros meses de namoro. Você não o ama, nem ama fazer sexo com ele. Você *gosta* da jaqueta dele. E basta.

- Não use palavras holísticas como *nós, nosso, destino, alma gêmea* ou qualquer outra que passe a impressão de "união". Não use frases feitas como "Estava escrito nas estrelas" ou "O universo nos aproximou". Se ele ainda não se decidiu, palavras melosas vão fazer com que se arrepie todo de terror. Deixe que ele seja o primeiro a usar esse tipo de expressão com você.

- Não conte a ele a respeito de suas sessões de terapia, dos antidepressivos que toma ou de seus problemas de infância. E deixe de fora as reuniões do grupo de apoio para pessoas que têm dificuldade de controlar a bexiga.
- Não tente ser Mary Poppins nem fazer discursos do tipo "Sou confiável". Não lhe fale sobre seu trabalho social como voluntária com órfãos ou com pessoas idosas. Não diga: "Eu jamais mentiria em um relacionamento." Se disser coisas desse tipo, ele vai ter certeza de que você acabou de contar sua primeira mentira.
- Não tente mudar a disposição da mobília dele para fazer com que suas visitas sejam mais toleráveis. Ele vai pensar que você quer se mudar para lá. Não tente fazer *feng shui* na casa dele. Deixe tudo da maneira como encontrou: bagunçado. Ele só vai se interessar por *feng shui* se vier acompanhado de um rolinho primavera e um biscoitinho da sorte. Em vez disso, *pense com maldade*. Deixe que a casa dele seja mesmo desconfortável; assim, quando ele for visitá-la, ficará achando que sua casa representa uma evolução.
- Não compre objetos que só cabe às esposas comprarem, como toalhas ou lençóis. Se você for comprar um presente, escolha algo menos íntimo, como uma caminha de cachorro para o bichinho de estimação dele. Além do mais, quan-

do vocês forem morar juntos, você vai querer eliminar todas as porcarias dele. Organize um bazar com os objetos dele em um domingo em que haja um jogo de futebol importante. "Está vendo aquelas caixonas ali? Todas aquelas porcarias custam um dólar cada. Mas só se você levar tudo antes do intervalo..."

- Se ele a apresentar como namorada, não fique toda radiante nem faça uma dancinha de comemoração, como se tivesse ganhado na loteria. Lance um olhar gracioso para ele e pergunte: "É mesmo?"

PRINCÍPIO DE RELACIONAMENTO Nº 21

Não seja tão abrupta, óbvia ou disponível, de modo que ele ache que você já tem uma opinião formada sobre ele.

Os homens adoram exclusividade tanto quanto as mulheres. Mas ele não vai entrar nesse terreno se essa for a expectativa em relação a ele ou se lhe for algo imposto – se *ele ficar achando que não teve a mínima possibilidade de escolha em relação à questão.* Quanto menos tentar se vender, mais segura de si mesma você vai parecer. *Toda arte de sedução inclui certa aparência de que nada está definido.* Simplesmente relaxe, saia e divirta-se, e ele vai ter essas ideias sozinho. Sua aura deve transmitir: "Acredito em mim mesma." Isso derruba as cercas masculinas: *"Ela se sente segura em relação a si mesma e sabe lidar com um relacionamento."*

A mulher poderosa desestrutura tudo

Quando você começar a se sentir confortável, evite comportar-se de maneira que ele saiba onde você está o tempo todo. Ele não deve ficar achando que pode falar com você na mesma hora do dia, todos os dias. À noite, ele não pode ter um "cartão de chamada 24 horas para o sexo". Se você teve de acordar para atender o telefonema dele, não irá recebê-lo dali a vinte minutos.

Mesmo durante o dia, você não pode permitir que haja uma "coleira eletrônica" em volta do seu pescoço com acesso liberado sete dias por semana. Se você deixar que ele faça tudo que deseja desde o início, a relação logo vai se transformar em rotina monótona. Ele vai pensar: "Certo, ela já está bem onde eu quero. Então, vamos colocá-la na lista de reserva e ver quem mais está disponível."

PRINCÍPIO DE RELACIONAMENTO Nº 22

O melhor a fazer é desvendar os padrões dele sem deixar que ele desvende os seus.

Por outro lado, você também não pode deixar transparecer que *ele* tem que lhe dar satisfação de tudo. O erro que as mulheres em geral cometem é tentar saber do paradeiro do cara a todo instante, e isso transforma telefonemas em uma obrigação apavorante. Se ficar parecendo que um aparelho de GPS foi acoplado à canela dele para acessar sua latitude e longitude a qualquer momento... parabéns. Ele vai erguer a guarda de novo (e o acesso ao coração dele lhe será negado).

Ele não pode saber que você espera que ele ligue e que sua felicidade depende disso. Por exemplo, Lauren estava em casa quando Hugh ligou para ela, e ambos conversaram sobre amenidades. Então, ele perguntou: "O que você vai fazer o resto da noite?" A maior parte das mulheres comete o erro de dizer: "Ah, nada, só vou falar com você, querido." Daí, ele pensa consigo: "Caramba, ela não precisa de muita coisa para ficar feliz." Em vez disso, Lauren lhe disse: "Vou tomar um banho de espuma, ouvir um CD novo e depois vou assistir a um filme. Mal posso esperar por isso."

PRINCÍPIO DE RELACIONAMENTO Nº 23

Os homens ficam mais apaixonados quando acham que estão "roubando" um tempo em que você poderia estar fazendo outra coisa.

Não tem tanto a ver com a *frequência* com que você liga ou se só liga de vez em quando, mas sim com o *modo como se comporta* quando fala com ele. Quando ele ligar para você...

1. Sempre faça pergunta positivas e alegres como:

"Oi, como foi seu dia?"
"Como estão as coisas?"
Isto denota:
"Me dê uma boa notícia, bonitão."

2. Evite perguntar coisas que façam você parecer um caçador de recompensas atrás de um fugitivo:

"Aonde você foi quando saiu do trabalho?"
"Você não me disse onde estava. Fiquei preocupada."
"Por que você não ligou?"
"Seu celular tocou e caiu na caixa postal. Por que você não atendeu? Por que está no alerta vibratório?"

Isto denota: "Me dê uma má notícia, seu filho da mãe, canalha imundo, podre e mentiroso."

Sentiu a diferença? No segundo em que você passa a esperar uma ligação ou fica brava quando ele não liga para você, é aí que ele vai começar a evitá-la. Mas, se for alegre e animada, ele vai continuar baixando a guarda até se sentir totalmente apegado a você. O fato de não querer se intrometer *vai atraí-lo de maneira muito profunda*. Desde o início, esta é sua *maior* vantagem – mais do que o sexo, mais do que a beleza.

PRINCÍPIO DE RELACIONAMENTO Nº 24
Quando uma mulher demonstra ter confiança em um homem, ele se sente forte e valorizado. Assim, ele vai desejar ter palavra e fazer a coisa certa.

Da mesma maneira que você deseja se sentir segura, ele quer sentir que você confia nele. Assim, ele se sente reconfortado e tranquilizado: "Não estou aqui perdendo tempo. Estou fazendo a coisa certa." Isso faz com que ele se fortaleça e com que não deseje quebrar a confiança. E vai querer protegê-la ainda mais.

A pergunta que as mulheres fazem com frequência é: "Mas e se eu quiser que ele ligue mais?" ou "E se eu ficar P da vida porque ele não me ligou em certo horário?" A situação de Mia fornece um bom exemplo de como efetuar uma mudança nesse comportamento. Ela estava acostumada a receber uma ligação de John todo fim de tarde. Ele saía do trabalho às 17h todo dia, entrava no carro e ligava para ela enquanto estava preso no trânsito. Para ela, começou a parecer que ele estava ligando por obrigação, como se ela tivesse se transformado em apenas mais um item da agenda diária dele. A situação ficou um pouco conveniente *demais*. Mas, em vez de pedir para que ele mudasse, foi ela quem mudou. Simplesmente parou de atender o telefone às 17h.

Se um homem está acostumado a achá-la às 17h e simplesmente de uma hora para outra não consegue, vai tentar de novo às 18h... às 19h... e às 20h, ou até conseguir achá-la. É assim que se transforma um telefonema chato em um acontecimento emocionante. Os homens adoram quando ficam curiosos e se agitam por causa de uma mulher. (E você não lhes pode negar uma agitação tão gostosa assim.)

Se você combina de estar em algum lugar ou de ligar para ele em determinado horário, é muito importante que mantenha a palavra. São as ligações *aleatórias* que você deseja alternar. Aqui estão mais algumas maneiras de conseguir o que você precisa, sem ter de reclamar nem dizer uma única palavra.

SE ELE...	VOCÊ DEVE...
Levar algumas horas para retornar um telefonema...	Levar algumas horas para atender. Dente por dente. Isso vai fazer com que a relação seja recíproca e equilibrada.
Ficar ligando para adiar o que haviam combinado das 17h... para as 18h... para as 19h...	Concordar com o primeiro adiamento. Se ele adiar de novo, corte o barato dele com educação. Diga a ele que resolva seus problemas e que vocês podem se ver outro dia da semana.
Ligar horas depois do prometido...	Deixar que a secretária eletrônica atenda. É impressionante como algumas ligações não-atendidas fazem com que ele se apresse em perguntar: "Você está brava comigo? Achei que estivesse brava comigo." (Resposta correta: "De jeito nenhum. Ando ocupadíssima.")
Ligar às 21h querendo sair às 22h...	Dizer que vai para a cama cedo. Assim ele vai planejar as saídas com mais antecedência, e avisar com um prazo maior.
Ligar depois das 22h ou em um horário em que você já estaria dormindo...	Esperar até o próximo encontro e, com educação, dizer que não ligue depois das 22h. Isso mostra que você é capaz de viver sem falar com ele, e que não se preocupa sobre onde ele está ou não está à noite.

Quiser se encontrar com você durante uma ou duas horas, apenas o suficiente para transar...	Dizer que não funciona em "pequenas janelas de tempo". Sugira outra noite em que vocês dois tenham mais tempo.
Não ligar para você quando viajar...	Sumir para que ele não a encontre quando retornar.
Estiver de mau humor e você não estiver se divertindo...	Dar-lhe um beijo na bochecha, dizer que tem de acordar cedo e ir para casa.
Ligar um milhão de vezes por semana e quiser vê-la o tempo todo...	Não atender 100% das vezes.

PRINCÍPIO DE RELACIONAMENTO Nº 25

Homens gostam de regras e diretrizes. Se há algo de que você não goste, ele vai respeitá-la por expressar sua opinião. Ele quer saber o que pode e o que não pode fazer.

Realmente, a maior parte dos homens fica muito animada quando está com uma mulher que se comporta de maneira a mostrar que tem uma vida completa e que, se ele quiser fazer parte disso, terá de se integrar ao mundo *dela*.

Isso também deixa o casamento mais apimentado. Uma amiga minha, Nicole, casou-se há pouco tempo com um europeu. Ele visita os pais na Europa todo ano. Quando nos encontramos para almoçar, ela estava ao telefone com o marido, na Alemanha, dizendo que iria ao cinema naquela noite. Então, desligou o telefone e soltou uma risadinha. "Ele me liga três vezes por dia para ver o que estou fazendo. Quer ter certeza de que estou 'me comportando'." Ela liga para ele do outro lado do oceano? Não.

Você já reparou que os homens adoram chamar a atenção quando você está ao telefone? Por isso adoram ficar beijando seu pescoço ou acabar com sua concentração. Não há nada mais interessante para um homem do que uma mulher distraída ou que não está concentrada nele.

Ser inalcançável ou independente não tem a ver só com a distância ou proximidade física. Tem a ver com sua quantidade de espaço mental a que ele tem acesso. Você pode morar em uma casa separada e ser como um *livro aberto*, ou pode estar no quarto ao lado e ser muito misteriosa.

Por exemplo, Jenny mora com o namorado. Ela reclamou com ele que se sentia ignorada quando ele ficava no sofá assistindo à televisão. Então, ela passou a agir diferente. Foi para o quarto e começou a ler um bom livro. Depois da terceira noite, ele desligou a tevê mais cedo e foi para a cama, em busca de carinho. Ela não largou o livro imediatamente. Foi previsível: ele começou a cutucá-la, a bater nela de brincadeira e a agir como um garotinho para ganhar a atenção *dela*.

PRINCÍPIO DE RELACIONAMENTO Nº 26

Os homens adoram saber que há um pedacinho de você a que eles não têm acesso.

Linda, uma amiga minha que é casada, disse que sempre que o marido começa a ignorá-la, ela vai para o banheiro, pega seu estojo de maquiagem e começa a se maquiar com bastante glamour. Então, pega uma roupa bacana e passa um bom perfume. No mesmo instante, o marido fica assustado. "Aonde você vai assim toda arrumada?" Então, Linda diz algo como: "Vou tomar um café na Starbucks com a Sue. Talvez a gente vá depois àquele novo bar de martínis", ou "Preciso cuidar de umas coisas". E, daí, ele pergunta: "Você vai vestida... *assim*?"

Adicione à equação o fato de que o marido de Linda *sabe* quando a está negligenciando. Então, logo fica preocupado no sentido de que ela esteja buscando atenção em outro lugar. E nunca falha. Às vezes ele a seduz, para impedir que saia; outras vezes, quando ela volta, ele a está esperando com flores e uma reserva para jantar.

PRINCÍPIO DE RELACIONAMENTO Nº 27

Os homens tiram muitas conclusões a respeito do lugar a que você foi só de reparar, quando você volta para casa, o quanto se produziu. Se você estiver toda arrumada quando não estava com ele, vai deixá-lo com uma pulguinha atrás da orelha.

Às vezes, as mulheres interpretam de maneira equivocada o clichê: "Os homens sempre querem o que não podem ter" e partem do princípio de que precisam ter um movimento constante de outros caras a seu redor. Então, vamos esclarecer. Ele não precisa competir com outros homens. Ele precisa "conquistar" seu tempo dedicado a outros interesses e a todas as coisinhas que você gosta de fazer.

Minha amiga Helene é corretora imobiliária e ficou noiva há pouco tempo. O noivo dela ligou e disse: "Ei, vamos nos encontrar na *happy hour*." Ela disse a ele que não podia porque tinha de mostrar alguns imóveis às 18h. Daí, ele tentou convencê-la a cancelar o compromisso. "Ah, fala sério, é uma *happy hour*!" E ela, em tom de brincadeira, respondeu: "Para mim, *happy hour* é quando meu cheque da comissão cai na conta. Quando olho o extrato do banco, fico feliz durante uma hora inteira."

No segundo que você coloca sua vida em segundo plano, ele perde o interesse.

O que você precisa fazer é estabelecer um padrão desde o início, assim que ele começar a convidá-la para sair. Como? Quando vocês conversarem a respeito de quando vão se ver, mencione casualmente seus momentos *bloqueados*. Em outras palavras, os momentos em que ele *não pode* ter acesso a você. Isso tem de ser feito de maneira muito sutil. Não exagere. Mas, de vez em quando, você pode recorrer a uma das sugestões a seguir.

Momentos bloqueados

"Não posso sair com você na X... mas podemos marcar para Y."

Por exemplo:

"Não podemos sair na quarta-feira porque prometi a uma amiga que iria à exposição de arte dela. Quer marcar para quinta?"

"Neste fim de semana não posso, porque alguns parentes vêm me visitar. Por que não marcamos para terça-feira à noite, depois que o pessoal for embora?"

"Esta semana está difícil. Tenho que entregar dois projetos no trabalho. Será que a gente pode se ver no fim de semana?"

"Caramba, terça-feira não vai dar. É o dia da minha aula preferida de *spinning*. Que tal a gente combinar para quarta à noite?"

Se ele perceber que *não* é sua única válvula de escape social, sempre vai dar um jeito de estar na sua agenda. E isso tem tudo a ver com casamento, porque revela a característica mais desejável que ele pode encontrar em uma mulher: *Você se basta e não precisa corromper seu próprio valor.*

PRINCÍPIO DE RELACIONAMENTO Nº 28

A fórmula mágica é ceder um pouco... e então recuar. Ceda um pouco... e então recue.

Funciona mais ou menos como um jogo de pique-bandeira da época da escola, e você está com a bandeira. Se ficar lá parada, ele vai parar de correr atrás de você. Mesmo depois de casada, a relação se renova sempre que ele não puder ter acesso total a você.

Quando perguntaram a Dolly Parton qual era o segredo de ter um casamento feliz por muitas décadas, ela respondeu que, quando o marido começa a parecer um pouquinho entediado, ela simplesmente faz as malas e sai para viajar. "Este é meu segredo, querida... eu só me afasto!"

3

O SOL NASCE E SE PÕE DENTRO DA *cueca dele*

Como despertar nele um fogo que nunca se apaga

"Não é sexo pré-conjugal quando você não tem a intenção de se casar."

George Burns

Quem vai devagar e sempre vence a corrida

Frequentemente, os homens discutem quem era mais desejável no seriado *Ilha dos Birutas*, Mary Ann ou Ginger. Ginger sempre trazia uma dose de *sex appeal* na manga e flertava com todo mundo na ilha. A maior parte dos homens teria relações sexuais com Ginger no mato, e nem se daria ao trabalho de estender a mão para ajudá-la a se levantar no final. Por outro lado, a maior parte deles dispensaria Ginger em um piscar de olhos só para ter a *chance* de ficar com Mary Ann. Por quê? Para a maior parte dos homens, Mary Ann era mais desejável sexualmente. Ela era completa. Isso fazia a imaginação deles voar.

O que isso tem a ver com casamento? Para o tipo de Ginger, ele reserva um belo quarto de hotel para passar a noite. Mas, para Mary Ann, compra uma fazenda de um milhão de dólares com cinco hectares e coloca duas BMWs na garagem. Esta é a garota com quem ele se casa. Por quê? Os homens gostam de marcar território quando se trata das esposas. Com Mary Ann, ele não precisa ficar imaginando se ela vai ou não transar com o leiteiro quando ele não estiver em casa.

PRINCÍPIO DE RELACIONAMENTO Nº 29

As mulheres vivem ouvindo que sexo maravilhoso conquista o coração de qualquer homem. Isso é mentira. Só porque um homem vai para cama com você, isso não quer dizer que ele lhe tenha carinho. O sexo, por melhor que seja, também *não vai fazer com que ele passe a sentir carinho.*

É ridícula a quantidade de vezes que vemos matérias intituladas "Cem dicas de sexo que vão enlouquecê-lo". A maior parte é tão idiota que você fica se sentindo ainda mais idiota por ter lido aquilo. Pense no assunto. Não é lá muito difícil agradar um cara. (Se ele não estiver com tesão, faça-lhe um sanduíche.)

Veja o que esses supostos especialistas *não contam* para você: com o sexo aventureiro que faz com que você pareça uma profissional rodada, ele vai "dar umazinha e cair fora". Por quê? Porque o sexo parecerá *comum*.

Digamos, hipoteticamente, que você tenha seguido as cem sugestões. Você apareceu com lingerie comestível, caprichou no rebolado e comprou uns apetrechos de látex; fez todos os malabarismos entre os lençóis; usou algemas com pelúcia; colocou o globo espelhado para girar em cima da cama. Digamos que você tenha amarrado os pulsos dele com suas meias-calças e tenha ficado de quatro latindo como uma cachorrinha. Talvez até tenha colocado uma fantasia sensual (que cometeu o *erro* de tirar de uma adolescente que agora vai ficar sem nada para vestir no carnaval). A questão que vale um milhão de dólares é a seguinte: por que isso tudo não leva a um relacionamento de longo prazo?

A PRIMEIRA IMPRESSÃO QUE ELE TEM	O QUE ELE VÊ NO FUTURO
O que inicialmente lhe passa pela mente é: "Nunca vai ser melhor do que isto aqui."	Não há desafio. Não há nada mais por que valha a pena me esforçar.
Em seguida, ele pensa: "Foi automático, pareceu quase rotineiro."	"Com quantos outros caras ela já terá feito isso?"
Ele chega à seguinte conclusão: "Qualquer coisa que eu faça nunca será melhor do que aquilo que ela já experimentou."	Eu sou comum, portanto o sexo é comum.

Todo homem gosta de se iludir, acreditando que ele (em todo o seu esplendor) é quem vai apresentá-la ao maravilhoso mundo do sexo. Será ele a ensinar a *você* algo novo. E você também nunca terá tido um orgasmo antes de conhecê-lo. Então, quando você sugere posições de que ele nunca ouviu falar, ele sabe que você já foi "ensinada". Então, fica pensando: "Por que vou querer fazer truques ensinados por outro cara?"

Quando ele acha que você pode ser mais rodada no quesito do sexo do que ele, automaticamente começa a pensar em "curto prazo", e não em longo prazo. E a maior parte dos homens acha que tudo isso lhe rouba um pouco da macheza. É aí que eles começam a ficar preocupados com a possibilidade de se transformar na metade do casal que usa saia de bolinha (com sandálias tipo plataforma de bolinhas para combinar).

Obviamente, o objetivo dele no começo é levá-la para a cama. Seu objetivo é preservar a possibilidade de longo prazo e mirar o horizonte. E isso significa que não há necessidade de andar em todos os brinquedos da Disneylândia quando você fizer sua primeira visita ao parque.

Enquanto seu pé estiver no freio, ele vai passar batido por todas as placas de "pare". Como nenhum homem entrega um manual de regras à mulher que está tentando seduzir, resolvi ir até os bastidores e revelar os truques escandalosos que os homens usam para esquentar a relação. O principal objetivo deles? Entrar pela porta de sua casa – e não apenas deixá-la na frente do prédio no fim da noite.

O MANUAL DELE	O SEU MANUAL
No final da noite, ele pode pedir: "Posso usar o banheiro?"	Responda que sim. Então, fique esperando sem tirar o casaco nem as botas, com o guarda-chuva ainda aberto. Não remova nenhuma camada de roupa. Nem mesmo as luvas ou o gorro.
Ele pode tomar algumas boas doses de tequila a mais e, então, dizer: "Estou bêbado demais para dirigir. Posso dormir no seu sofá?"	Ele está torcendo para que você responda: "Não vou deixar você dormir no sofá, seu bobo. Pode dormir na minha cama, mas só se prometer se comportar." Em vez disso, prepare um café bem forte e chame um táxi para ele. Não permita que ultrapasse os limites da cozinha.

Ele pode oferecer uma massagem: "Você anda muito estressada ultimamente. Que tal se eu der uma esfregada nas suas costas? Serei um perfeito cavalheiro, *prometo*."	Depois que você esquentar, ele vai perguntar: "Será que posso abrir seu sutiã? Só quero que você fique mais à vontade. Você pode abaixar o short até a canela? Quero massagear a parte de baixo das suas costas. É onde seu estresse está concentrado... coitadinha."
Ele pode perguntar: "Posso entrar um segundo para usar o telefone? Preciso checar a secretária eletrônica e meu celular está sem bateria."	Permita que ele use o telefone. Depois disso, assegure-se de que ele tome o rumo de casa.
Ele pode usar uma abordagem platônica: "Vá se trocar. Fique à vontade. Finja que não estou aqui e aja normalmente, como se estivesse sozinha."	A primeira observação dele depois que você se trocar será: "Caramba! Ela não está nem de sutiã nem de calcinha." Daí, dirá: "Venha deitar aqui no sofá. Pegue um cobertor. Vamos assistir a um pouco de tevê."
No final, ele lança o truque do abraço: "Passo a noite aqui e ficamos só abraçadinhos, como amigos. Prometo não tirar a cueca. Palavra de escoteiro." Então, a história muda: "Esta cueca está apertada demais, está me dando coceira. Preciso tirar. Detesto quando isso acontece... você se importa?"	**(Fim de jogo.)** Avance dez minutos no tempo: "Preciso enfiar só um pouquinho. Quero saber como é estar dentro de você. Não precisamos transar. Só a pontinha... prometo!" E, antes que você se dê conta, ele já está montado em cima de você, como se você fosse um cavalo alazão.

A boa moça geralmente cede rápido demais e depois tenta administrar o prejuízo. "Nunca fiz isso antes. Não, *é verdade*. Não costumo fazer isso com alguém que mal conheço." Quando os homens ouvem isso, passam a acreditar no oposto. Chamam isso de "defesa antivagabunda".

Sempre que você escutar expressões do tipo "Não se preocupe" ou "Confie em mim", seja cautelosa... seja *muito* cautelosa. Foi isso que o lobo disse para Chapeuzinho Vermelho. Você só deve acreditar em tudo que ele diz se acreditar em Papai Noel. Sempre que um homem diz: "Não se preocupe, serei um perfeito cavalheiro", na verdade, está dizendo: "Não confie em mim de jeito algum." Se ele for mesmo um cavalheiro, não haverá necessidade de anunciar.

PRINCÍPIO DE RELACIONAMENTO Nº 30

A melhor maneira para separar os maridos em potencial dos fingidos é avaliar a atitude deles em relação à espera pelo sexo. Se ele gostar de você, ficará feliz só de estar em sua companhia.

O sexo é como o esporte de que ele mais gosta: futebol. Ele vai tentar fazer a "bola avançar" pelo campo, um toque de cada vez. Daí ele ultrapassa o meio de campo, entra na área e tem a primeira oportunidade de fazer um gol. Quando ele precisa se esforçar, seu amor pelo jogo aumenta. "Iu-hu!" Abraços são trocados e rolhas de champanhe estouram. *Secretamente, ele quer que você demonstre certa resistência.* Porque, se você simplesmente entregar a bola para ele em um campo vazio... o jogo perde todo o estímulo.

Paige não percebeu isso quando tentou seduzir Ted. Eles haviam saído duas vezes, mas ainda não tinham ido para a cama.

No terceiro encontro, quando estavam saindo para jantar, ela disse: "Fui fazer compras e quero mostrar o que comprei." Então, pegou um tubo de chantili e uma calcinha fio-dental comestível. "Espero que você goste de morango, porque vamos experimentar isso aqui hoje à noite." Paige achou que Ted cairia de quatro. "Vou deixá-lo louco. Ele não vai conseguir resistir. Daí, vai se casar comigo." Em vez disso, aconteceu o contrário: *fez com que ele se cansasse dela mais rápido.*

A primeira maneira de distinguir se ele está mesmo interessado em você é observar o que vocês fazem juntos fora do quarto. Vocês passam algum tempo juntos durante o dia? Ele se interessa pelo que você gosta? Isso é muito revelador. Mesmo que você goste de fazer alguma coisa meio tediosa, como levar o cachorro para passear no parque, um cara que goste de você de verdade ficará feliz em acompanhá-la. Coisas bobas serão interessantes para ele porque são coisas que interessam a *você*, e ele se interessa por *você*.

Para um sujeito que está em busca de uma parceira, uma mulher prudente terá mais valor. Laurie é um exemplo perfeito disso. Ela mora em Nova York e Sean, em Long Island, que faz parte da mesma região, mas já é outro município e fica a uma boa distância de trem. Depois de dois jantares juntos, ele ligou para ela e perguntou: "Será que posso dormir no seu sofá? Tenho um compromisso amanhã cedo na cidade. Assim, poderemos sair para jantar e vou estar a um quarteirão do meu compromisso." Laurie disse a ele que não estava a fim disso, e não precisou explicar por quê. Ele entendeu. E, imediatamente, o desejo dele aumentou.

As sugestões a seguir vão estabelecer um tom cheio de classe, para que ele possa enxergá-la como alguém que pode levar a sério.

- ✓ Não fique falando sobre lugares em que você gostaria de transar nem qual é sua música preferida para a hora do "vamos ver". Ele não vai se casar com a garota que lhe disser, no primeiro telefonema, que gosta de "levar palmadas no bumbum" no banco traseiro de um carro.
- ✓ Planeje atividades. Não dê início ao hábito enfadonho de ficar em casa assistindo a DVDs. A menos que você deseje que suas reservas para o jantar soem assim: "Queremos dois cheeseburgueres, uma batata frita grande e uma cebola à milanesa. Pode deixar que vamos dar a volta com o carro e pegar na segunda janela."
- ✓ Vista-se com um pouco de sensualidade, mas não com peças reveladoras demais. Quando você mostra um pouco, mas não tudo, o que ele capta é o seguinte: "Essa é uma mulher que está sob controle."
- ✓ Evite carinhos mais profundos no sofá ou na cama antes de você ter 100% de certeza de que deseja ir até o fim. O mais seguro é beijar sempre na *vertical*, à porta de casa ou na entrada do prédio. Assim, você não corre o risco de cair na horizontal sem querer.
- ✓ Convide-o para entrar *antes* de saírem para jantar. Deixe que ele passe na sua casa às 19h30 se a reserva for para às 20h. Tenha uma taça de vinho à mão e apresente-o a seu gato ou cachorro. Isso ajuda a quebrar o gelo e evita o acesso tarde da noite. Daí, quando você o dispensar no final do encontro, não ficará parecendo algo assim tão impessoal.

- ✓ Nada de ficar chorando sobre o copo de cerveja derramado a respeito das coisas que seu ex fazia errado. Não diga que ele é um idiota, que dirigia rápido demais ou que gastava todo o seu dinheiro. Tudo isso só faz com que seu valor diminua aos olhos dele. Deixe as histórias de "coitadinha de mim" fora da conversa. Ainda por cima, isso não é da conta dele. Se ele fizer perguntas a respeito do seu ex, simplesmente diga: "É uma história comprida e chata. [*Bocejo.*]" Tradução: "Já é passado."
- ✓ Quando os beijos começam a esquentar e você quer parar, não diga "Pare com isso" ou "Já chega", como uma garotinha choramingona. *O segredo é fazer com que ele pare com a linguagem corporal.* Se as mãos dele estão tentando ter um encontro íntimo com seu traseiro, é uma boa hora de colocar sua mão para trás e pegar a mãozinha boba dele, afastando-a com delicadeza. "Vamos perder o show se não sairmos logo." Isso também demonstra que você é uma mulher que tem o controle da situação. Agora ele será obrigado a ter respeito por você.

É melhor evitar as trocas de afagos no sofá por outra razão: se você deixar que ele chegue ao ponto em que é impossível retornar e então puxar o plugue da tomada no último minuto, ele ficará ressentido. Além do mais, você não vai parecer muito convincente se disser: "Ainda não, quero que seja especial." Principalmente se ele já está se roçando em você há uma hora e sua mão estiver esquentando o quem tem dentro da cueca dele quando der a notícia. É um pouco tarde demais para suspender a festança quando a ferramenta dele já está totalmente envolvida pelo ritmo da música.

PRINCÍPIO DE RELACIONAMENTO Nº 31

A razão de esperar não é só para mostrar que você tem classe. É necessário ter tempo para observá-lo e descobrir informações fundamentais a respeito dele.

... Tipo, se ele tiver mulher e três filhos em outra cidade. Ou se todos os amigos dele forem arruaceiros. Você vai querer saber se ele e a ex ainda estão transando, apesar de tudo ter terminado (porque ela ainda não sabe que tudo terminou). E vai querer saber como ele era na faculdade e se já saiu patinando pelas ruas de São Francisco de shortinho e camiseta "mamãe sou forte".

O tempo permitirá que você tenha uma noção melhor a respeito de quem ele é. E não adote a filosofia de Isaac Newton, que disse: "Tudo que sobe tem que descer." Não aplique essa regra ao sexo. Sabe aquela placa que há em alguns restaurantes: "Reservamo-nos o direito de dispensar clientes"? Pendure uma dessas na porta de seu quarto.

Reservamo-nos o direito de dispensar o cliente se:

ELE FOR INSISTENTE DEMAIS

Se ele estiver interessado em você, não vai se mostrar afoito demais ou fazer uma proposta mais íntima nos dois primeiros encontros, porque não vai querer que você o considere um animal. Se ele *só* estiver concentrado em sexo, isso já demonstra logo de cara que ele não está nem um pouco interessado em quem você é. Se um pouco de resistência for demais e o cara der o fora, melhor para você. Aliás, abra caminho para ele e assegure-se de que não há nada impedindo que ele se vá.

ELE NÃO QUISER FICAR ATÉ DE MANHÃ

Não vá para a cama com um homem que diz: "Não vou poder dormir aqui hoje", ou que diz que você não pode dormir na casa dele. Esse cara já está avisando a você antes de transarem que quer manter certa distância. Se vocês estiverem trocando carinhos e ele disser: "Não posso dormir aqui hoje", essa é sua deixa para responder: "E quem disse que você ia dormir aqui hoje?"

HOUVER MULHERES DEMAIS NO HARÉM

Não se envolva sexualmente com ele se ele deixar claro que tem um harém de "amigas" prontas para caírem nos braços dele e tomar seu lugar. E não importa se ele jurar que elas são "só amigas". Preste atenção na sua intuição.

VOCÊ NÃO SE SENTIR À VONTADE

Sua intuição é a coisa mais valiosa que você tem. Nunca, mas nunquinha mesmo, permita que alguém a convença do contrário do que sente. Kim Basinger disse: "Sinto que há duas pessoas dentro de mim — eu e minha intuição. Se eu for contra ela, ela vai me ferrar todas as vezes e, se eu a seguir, nós nos entenderemos muito bem." Nada é mais importante do que seu corpo e sua saúde. Trate-os de acordo com o valor que possuem.

A boa moça sabe que alguns caras são artistas do "atacar e dar o fora", mas são seduzidos pelas características da moça perversa.

Em pouco tempo, ela se convence de que existe potencial para um relacionamento. "Será diferente comigo! Vou fazer uma reforma neste sujeito. Posso mudá-lo."

Por exemplo, ele estará na cama com uma mulher fazendo de tudo. Então, ela para e diz: "Espere. Acho que as coisas estão indo rápido demais. A gente mal se conhece." Então, o cara se recosta na cama e oferece: "Certo, pergunte qualquer coisa que você queira saber e eu respondo. Sou um livro aberto." (É como uma transação de venda. Descubra qual é a objeção e, então, a supere.) Então, ele lhe conta uma história melodramática a respeito de como seu primeiro amor o deixou de coração partido e de como ele se sentiu *usado*. Então, aponta para uma cicatriz que tem na perna, ou fala sobre como os pais gostavam mais do irmão dele. Então, acaricia a face dela de leve, como se fosse um amante latino. "Não precisamos transar se você não estiver pronta", ele diz (enquanto pensa: "Que outras bobagens posso dizer para que ela caia logo no papo?"). O que ela diz? "Estou pronta! Sou toda sua!" E, antes que você se dê conta, pedaços do reboco do teto do vizinho do andar inferior estarão caindo até as duas da manhã.

Avancemos no tempo uma semana para avaliar a "situação da união". "Não sei por que ele não liga. Ele disse que tínhamos uma conexão. Foi tudo muito cheio de emoção. Ele disse que não era sexo... era fazer amor. Ele disse que eu era especial. Talvez tenhamos começado com o pé esquerdo. Talvez só estejamos passando por um momento difícil da relação."

PRINCÍPIO DE RELACIONAMENTO Nº 32

A maneira como ele *se descreve* no início do relacionamento não tem praticamente nada a ver com a maneira como vai *tratá-la*. Se houver sexo na relação, ele vai fazer promessas das quais você nunca nem mesmo ouviu falar.

Sites de namoro são conhecidamente enganadores por essa razão. Quando se pede a um cara que assinale os itens que indicam o tipo de parceira que está procurando, qual você acha que ele vai marcar se só estiver atrás de sexo?

- Sexo casual sem proteção e nada de ligar no dia seguinte.
- Compromisso, amor e poemas declamados embaixo de uma árvore.

Ele vai marcar o que diz "compromisso". Porque está mesmo comprometido com uma coisa: vê-la nua.

Afinal, os homens são caçadores. Lidamos com uma criatura caçadora de sangue quente que se orgulha de sua capacidade de conquistar. Se fosse permitido por lei, os homens mandariam empalhar as cabeças de suas conquistas e as colocariam em exposição na parede do escritório. Um carneiro selvagem... um alce... um cervo... Jennifer... Natalie... e um casinho chamado Vanessa (porque conquistas de uma única noite também vão para a parede).

O ator Vince Vaughn tem uma declaração famosa: "Quando não estou interessado em uma mulher, sou direto. Logo depois de transar, geralmente digo: 'Não posso mais fazer isso, obrigado por ter vindo aqui!'" Nenhum cara dirá: "Eu nunca me casaria com você, mas realmente quero dar uma transadinha." Se ele não estiver sinceramente interessado em você, é comum que diga aquilo que você deseja ouvir. "Casamento? Filhos? Uma casa grande? Mal posso esperar." Seja lá por que ouvido isso entrar, assegure-se de que vai passar direto e sair pelo outro.

Então, no papel da "caça", a escolha mais inteligente para você é não ficar na horizontal (nem na cama, nem no sofá) até realmente conhecer o cara. Espere até se sentir à vontade. Dê-lhe algum tempo para *mostrar* – e não apenas *dizer* – quem ele é por meio de *ações*. Jantares, flores e atitudes cavalheirescas – esse é o básico quando ele a vê como a garota de seus sonhos.

O calor embaixo dos lençóis

Quando vocês começam a transar, continua sendo importante compreender que os homens avaliam o potencial do relacionamento em longo prazo. Em primeiro lugar, e mais importante, o que a maior parte dos homens procura é uma mulher que seja natural na cama e que goste de fazer sexo com ele de verdade. Então, perguntei aos homens: "Quais são os indícios de que a mulher não está curtindo?" Leia a seguir algumas das respostas dadas.

Como ele vê que você não está curtindo o sexo

John disse: "Muitas mulheres gritam num tom que faria um rinoceronte parar no meio de um ataque. Elas jogam o cabelo para o lado, fazem poses exóticas e atuam como se estivessem em uma peça de teatro. Parece que acham que vão aparecer na televisão e que há uma equipe de filmagem profissional no quarto. Luzes... câmera... ação!"

Marcus disse: "Tente não deixar óbvio que você está de olho no relógio ou prestando atenção no tempo que passa. Antes de transar, não diga: 'São 8h45. Vamos ter que parar daqui a 15 minutos porque *Desperate Housewives* começa às nove.'"

Kent disse: "A maior parte dos homens preferiria uma mulher charmosa que adora fazer sexo a uma *top model* que não gosta muito de transar. Sem discussão."

Frank disse: "A gente sabe que a mulher não está lá por inteiro quando ela começa a gritar e a ofegar e você ainda nem entrou. Então, eu paro de fazer o que estava fazendo para ver os barulhos que ela vai soltar. Se fica gritando sem que eu sequer encoste nela, fico achando que posso sair para comer um sanduíche, voltar e recomeçar do ponto em que parei."

A tendência do homem é achar que performances teatrais não têm nada a ver com a performance dele. Ele vai pensar: "Bom, estou vendo que ela não está a fim de mim." E, assim que ele fica com a impressão de que você *não* curte o sexo, a possibilidade de assumir compromisso vai por água abaixo.

Não há uma banca de juízes dando notas a você: "Dou 9 pela exibição artística, mas 7,8 pela performance técnica." Se ele fizer com que você se sinta assim, isso quer dizer que é péssimo na cama – o problema não é você. Com um bom amante, você não fica preocupada se está precisando colocar silicone ou se ele está vendo a celulite na sua bunda, porque toda sua atenção se volta para o cara.

Um fato interessante é os homens terem declarado que raramente prestam atenção aos defeitos de uma mulher, até que ela comece a enumerá-los. Eles acham as formas femininas lindas e admiram o que está no lugar. Então, quando ele passa a mão na sua barriga e você diz: "Estou fazendo abdominais e no verão vai estar lisinha", ele fica achando que você está ocupada demais examinando o próprio corpo para prestar atenção ao dele.

De acordo com os homens, outro erro que as mulheres cometem é tentar agir de maneira afetada, adequada e virginal. Isso os deixa desconfiados. Ele não é nenhum coroinha, e sabe que você não é nenhuma virgem. Vai parecer que você tem mais classe se não falar a respeito de seus ex. Além do mais, até uma criança da terceira série do ensino fundamental consegue fazer as contas. (Imagine uma musiquinha de programa infantil.) "Bom-dia, meninos e meninas. Hoje, vamos resolver um problema de palavras. Se a proporção de homens e mulheres é igual, e todos os homens transaram com dúzias de mulheres, será que é matematicamente possível as mulheres só terem transado com três homens? A criança que solucionar o mistério ganha uma estrela dourada e um boné com uma hélice em cima."

A maneira como os homens chegam à conclusão de que você é fácil não é por causa do que você diz. Eles a julgam pela sofisticação de sua técnica na primeira vez que vão para a cama. Se você deseja que ele a enxergue como seu amor de longo prazo, não pode fazer parecer que todo o elenco da Arca de Noé já passou pela sua cama. Então, não tente passar a impressão de que você tem experiência de sobra na horizontal.

Pode ter certeza de que ele vai captar qualquer mínimo sinal de que você passou recentemente por uma maratona de sexo. Por esse motivo temos de dar uma geral no seu quarto para ter certeza de que você vai transmitir uma imagem cheia de classe. Pense nisso como uma pequena "preparação da virgem".

A preparação da virgem

- Na primeira vez que vocês transarem, não recicle lingerie sexy. Deixe esses objetos para depois e assegure-se de que ele a veja tirar as peças do pacote, com a etiqueta ainda presa. (Estou falando sério, guarde a embalagem original.) Até lá, um conjuntinho de sutiã e calcinha de renda por baixo das roupas basta. Não saia correndo para o banheiro e vista uma corselete à la Madonna com uma calcinha fio dental verde-limão e uma coleira de tachas. Vai parecer algo muito ensaiado e premeditado *demais*.
- Nunca abra na frente dele a gaveta onde você guarda seus brinquedinhos exóticos, como aquele que tem motor turbo e funciona a pilha. Se for maior do que um taco de beisebol e vier com alça e câmbio de marcha, vai acabar com o clima caloroso e agradável. Afinal de contas, você não quer que ele se sinta como um teco-teco Cessna parado ao lado de um avião a jato 747.

- Deixe que ele sugira as posições sexuais nas primeiras vezes. Se você começar a fazer acrobacias sexuais (que *o* farão dizer "Ai") e começar a montá-lo como um caubói, ele vai pensar: "Essa aí já passou por alguns bons rodeios."

- Não se apresse como uma louca para jogar suas roupas para todo lado e entrar na posição de penetração. Deixe que ele tire suas roupas... *lentamente*. Assim, você não vai ficar parecendo uma cadela no cio.

- Deixe que ele forneça a camisinha. E, independentemente do que você possa fazer, não venha com nenhum truque do tipo desenrolar toda a camisinha sobre o membro ereto com a boca. "Olhe só para mim, mamãe! Sem as mãos!" Ele vai achar que você se matriculou no curso e recebeu um diploma de "vagabunda". Isso vai garantir que ele a classifique como relação de curto prazo. Aja como se você nem soubesse onde se compra camisinha e como se não fizesse a menor ideia de qual é a aparência desse objeto.

- Se ele não trouxer camisinha, nunca permita que ele veja onde você guarda as suas. Ele não pode ver o pacote econômico que veio com quinhentas unidades (e que agora está 75% vazio). Mesmo que seja uma cartela de 12 e estejam faltando seis, isso significa que alguém esteve dentro de você seis vezes. (Não cria exatamente o clima "É só minha".)

- Se ele reclamar porque terá de usar camisinha, nunca diga: "*Todos* os meus namorados usam, e eu nunca transo sem." Se você tem filho, não diga: "Você precisa usar porque engravido com muito facilidade." (Isso vai servir para esclarecer por que seu pacote econômico está 75% vazio.)

- Homens gostam de mulheres que parecem femininas. Gostam de cremes com fragrâncias suaves e de tudo que seja macio e "de mulherzinha". (Se ele vir que você tem amarras para restringir movimentos na cama, talvez fique um pouco preocupado.)

- Todos os homens são muito inseguros em relação ao tamanho. Se ele não for bem-dotado, você não pode olhar e dizer: "É só isso?" Isto está nas letras miúdas do contrato. Você tem a obrigação de dizer: "Aah! Caramba! Será que aguento tudo isso? Calma, calma. Você vai me deixar descadeirada."

- Não fique pedindo para que ele valide seus atos o tempo todo. Em vez de perguntar "Estou fazendo certo?", diga "Você gosta disso?"

- Na primeira vez que ele dormir na sua casa, não dê a impressão de estar pronta demais para aquilo com um kit de primeira necessidade nem de que você está *acostumada* a receber homens para dormir. Não lhe ofereça uma cueca extra, um barbeador ou uma escova de dente. Também não deixe o xampu do seu cachorro no chuveiro. Se os outros produtos tiverem fragrância de morango, ele vai acabar lavando a cabeça com um antipulgas por engano.

- Não sirva um café da manhã de cinco pratos na cama. Se você tiver uma revista com a foto de uma bandeja de café da manhã com ovos quentes e lírios, jogue logo fora para impedir que tenha alguma ideia brilhante. Em vez disso, diga a ele onde fica a padaria mais próxima e peça que lhe traga um café com leite. E um pedaço de bolo bem gostoso.

- Quando estiver na cama, não sussurre ao ouvido dele: "Você me completa", ou "Sempre soube que ficaríamos juntos". Ele não pode sentir que *você* o seduziu. Ele quer acreditar que a conquistou, não o contrário.

Vários homens também disseram que gostam de saber como a mulher se sentiu na cama. No entanto, não desejam que você faça um relatório detalhado com a avaliação de cada movimento no dia seguinte. Você não pode fazer o resumo da rodada na segunda-feira com uma prancheta na mão e uma lousa enorme na parede, como os técnicos de futebol fazem no começo da semana, como se o cara fosse retardado: "Está é sua posição **X**... *aqui*. É aqui no **O** que você precisa chegar. *Esta sou eu*. Quando eu der o sinal, seu objetivo é correr, encontrar o buraco e acertar no ponto **G**."

Qualquer homem vai ficar com o ego arrasado se você começar a discutir os movimentos dele na manhã seguinte. Mostre-lhe ou diga-lhe o que você quer *durante* o ato... ou cale-se para sempre. O tato é importante, principalmente quando se trata da performance e do "melhor amigo" dele. Por isso, perguntei aos homens o que as mulheres têm de saber no quesito "dar prazer ao homem" (lá embaixo). Aqui estão algumas das infrações do código peniano que os homens compartilharam comigo:

Infrações do código peniano

Martin disse: "No meio de uma chupada, nunca erga os olhos com uma expressão sugestiva nem faça perguntas idiotas. 'Estamos chegando lá? Quanto tempo mais vai demorar? O que você está pensando?' É o mesmo que acender uma fogueira e logo em seguida jogar um balde de água fria em cima dela."

Paul disse: "Não tente ganhar tempo, enrolar, segurar ou ter uma conversa profunda com ele. Aquilo não é um boneco do Muppets Show nem um Oompa-Loompa. Não use palavras como *fofo* ou *adorável* para descrevê-lo, nem lhe dê um apelidinho como 'Linguicinha'."

Christopher disse: "Quando as mulheres posicionam a cabeça de modo a obter apoio, precisam tomar cuidado com o lugar onde colocam o cotovelo. Se seu cotovelo estiver bem em cima de uma artéria importante na coxa dele, pode fazer com que os dedos dos pés fiquem meio dormentes." (E daí o "dedinho adormecido" pode precisar de um tempo para se recuperar antes que chegue a sua vez de receber prazer.)

Allen disse: "Pareça feliz. Não fique com jeito de quem sente vontade de reclamar mas não pode por estar com a boca cheia. No mínimo, tente parecer mais contente do que um gato engasgado com uma bola de pelo."

Não tem mais jeito. Acho que posso dizer com bastante segurança que eliminei todas as minhas chances de receber um prêmio Pulitzer. Mas talvez ainda haja uma chance mínima de que eu receba um prêmio humanitário por divulgar a próxima história.

Bobby me contou a de Charlene, que cometeu um crime inafiançável contra as partes privadas masculinas. Charlene estava deitada na cama, curtindo aquele prazer que se abate sobre as mulheres depois do coito. Bobby havia se levantado e estava se vestindo. Quando ele se abaixou para pegar uma meia, colocou a perna em cima de uma cadeira. Charlene achou que "os badalinhos dele" estavam lindos e deu uma batidinha neles por trás, para ver se balançavam. Os joelhos dele cederam, ele ficou com falta de ar e começou a ver estrelas. Previsão da cartomante que atende por telefone: se você fizer isso, não vai ouvir os sinos da igreja no dia de seu casamento, porque ele vai sumir e nunca mais reaparecer. (Nem vai se lembrar de você com qualquer afeição ou saudade.)

No que diz respeito à conversa na cama, o silêncio vale ouro. Não faça perguntas como: "Foi especial? Você me ama? Foi bom? Mas bom quanto? Melhor do que com aquela outra lá? A melhor trepada da sua vida?" Se a primeira coisa que ele ouvir depois de um bom rala e rola for: "Foi tão melhor do que com aquele cara lá... ele parecia um macaco", vai ficar achando que é um entre muitos. Ele não quer imaginá-la com nenhum outro fulano, então não faça nenhuma comparação – boa ou ruim. Longe dos olhos... longe do coração.

Além disso, não acredite se ele declarar seu amor logo depois da transa. Se ele começar a falar a respeito do "futuro", isso só quer dizer que também foi bom para ele... e ele quer experimentar uma posição diferente (no futuro).

O pós-festa

Costuma-se dizer às mulheres que, se elas obedecerem à regra dos cinco encontros ou do aviso prévio exigido de um mês para transar, o homem automaticamente assumirá compromisso e achará que "o negócio está fechado". Então, ela pensa: "Acabaram todos os joguinhos. Cheguei à linha do gol. Agora formamos um casal." Certo? Não saia correndo para comprar um conjunto de toalhas felpudas, bordadas com "ele e ela". Depois de transar... você só venceu o primeiro tempo, minha filha.

Vamos retroceder. Você mandou ver e foi bom. E agora ele se acha o maior garanhão do mundo. Na manhã seguinte, ele está mais exibido do que um pavão em época de acasalamento. Ele canta *We Are the Champions* no chuveiro. "Ela saiu mancando. As pernas dela ainda devem estar tremendo. Ela nunca mais vai *pensar* em sexo sem ter uma visão do meu rosto com um halo em volta." Na cabeça dele, vocês foram para a cama, então ele acha que tem todo o poder. (Isto está prestes a mudar.)

Quando entrevistei alguns homens, fiz a seguinte pergunta: "O que aconteceria se a mulher continuasse agindo exatamente do mesmo jeito depois do sexo? E se ela fosse simpática, mas continuasse cuidando da própria vida como se nada tivesse acontecido?" (Eu gostaria de ter gravado a reação deles em vídeo para que você pudesse assistir.) Alguns empalideceram. Um deles disse: "Isso viraria meu mundo de cabeça para baixo." A maior parte confessou que ficaria apavorada. (Bom saber...)

Para compreender melhor a dinâmica do "ele e ela" pós-festa, daquilo que acontece imediatamente depois da transa, vamos examinar um roteiro passo a passo.

O roteiro passo a passo para depois da transa

O QUE ELE ESPERA LOGO DEPOIS DO SEXO

Ele já fez isso tudo com outras mulheres e sabe que depois da transa você fica esperando reações típicas de um namorado. Ele vai recuar simplesmente porque sabe que muito é esperado dele. *Aja como se você não estivesse esperando nada.* Não seja mais, nem menos, carinhosa. Não mude seu comportamento. Continue a mesma. Veja por que isso só lhe trará vantagens:

POR QUE ELE VAI RECUAR

Os homens sempre querem adiar o compromisso. Ele vai alterar o padrão dos encontros para evitar regularidade e consistência. Por quê? Porque, para ele, regularidade + continuidade = compromisso. Por isso ele pode recuar, ditar as regras, rompê-las, mudá-las e transformá-las mais uma vez. Vai telefonar de maneira mais aleatória. Vai tentar vê-la sem marcar com antecedência. E vai querer fazer com que você fique sempre tentando adivinhar o que ele está pensando.

COMO ELE ACHA QUE VOCÊ VAI REAGIR A ESSE RECUO

Ele espera que você esteja disponível 100% do tempo. Se você *forçar a barra*, mostrar-se afetuosa ou apegada demais ou exigir que ele lhe dê garantias depois da primeira vez que forem para a cama, ele vai achar que é melhor recuar e mantê-la a certa distância. E então a presença dele irá rarear.

O QUE VOCÊ DEVE FAZER

Faça o contrário. Mantenha-se ativa. Não atenda o telefone sempre. Se ele ligar e você estiver ocupada, diga que ligará mais tarde.

Ocupe-se com a própria vida. Não esteja disponível sempre que ele quiser vê-la na última hora.

QUE IMPRESSÃO ISSO PASSA

Não é você que faz todo o trabalho pesado da relação. Então, o relacionamento passa a ter valor para ele porque percebe que você não está disposta a entrar de cabeça e se entregar só por causa de uma noite de paixão. Agora ele a vê como uma pessoa bacana, não como uma mulher insegura que faz exigências.

POR QUE ISSO LEVA AO COMPROMISSO

Ele vai pensar: "Se ela não enlouqueceu, acho que as coisas não estão indo tão bem quanto achei." Então, vai retornar à rotina original e correr atrás de você.

POR QUE ESSE É O GOLPE DE MISERICÓRDIA SUPREMO

Trata-se de um golpe suave no ego. Agora ele prestará atenção total em você. Ele vai ficar pensando: "Que estranho, achei que estava arrasando entre os lençóis. Meu telefone deveria estar tocando sem parar. O que está acontecendo? Por que ela não está me perseguindo como todas as outras fazem?"

A mulher que age de maneira despreocupada e natural depois do sexo é *exatamente o oposto do que ele está acostumado a ver.* Se um cara não liga para você depois de uma sessão enlouquecida de sexo, é porque está esperando sua reação de carência. Ele tem medo da intensidade e da carência exagerada. Se você agir de maneira oposta, ele ficará perdido e mudará a abordagem rapidamente. Ele passa a perceber que você é mais forte do que as outras: "Ela tem padrões. Não é fraca. Não vive dando risadinhas à toa, não é burra nem ingênua. Ela não é uma mosca-morta."

Ele também vai ficar se perguntando por que você não aborda todas aquelas questões que ele está acostumado a ouvir:

- Vamos parar de sair com outras pessoas?
- Ainda está tudo bem entre nós?
- Qual é o problema?
- Você parece distante...
- Está bravo comigo?
- Está tudo bem?

Você deseja que ele faça a si mesmo essas perguntas a seu respeito. Se você não se mostrar carente, ele não vai parar de pensar no motivo pelo qual você *não está* obcecada. "Espere um pouco. Por que ela não está gritando nem me perguntando por onde andei? Talvez ela esteja recuando. Talvez eu precise me esforçar mais para impressionar esta aqui. É melhor melhorar minha estratégia."

PRINCÍPIO DE RELACIONAMENTO Nº 33

Se depois do sexo você não se sentir completamente abobada e continuar a prestar atenção na própria vida, ele vai automaticamente começar a olhá-la de outro jeito. Aí é que vai querer garantir um relacionamento estável.

É como educar uma criança. No primeiro ano, de acordo com os psicólogos, você deve "entronar" o bebê. Passado o primeiro ano, deve-se destronar a criança para que não se torne um pirralho insuportável. O mesmo pode se aplicar aos homens. Depois da transa, é preciso assegurar-se de que ele não é o único que comanda o show. Se ele pensar desse modo, há boa chance de que você não tenha seu compromisso.

Muitas mulheres pensam que a melhor maneira de se reduzirem a um caso é ir para a cama com um homem cedo demais. Mas realmente tem mais a ver com a *disponibilidade dela depois do sexo*. Ela pensa que, depois do sexo, morreu e foi para o céu. Fica esperando cartões românticos, poemas declamados embaixo de uma árvore ou caminhadas na praia. Ela vai ao cabeleireiro para ele, compra roupas novas para ele e até se arrisca a ter queimaduras de terceiro grau depilando a virilha só para ficar com uma "tosa de poodle" bem bonitinha para ele. É aí que a mulher tem mais probabilidade de se transformar no pau-mandado dele. Ele diz: "Querida, estou com saudade de você. Posso ir aí?" (Tradução: "Estou com tesão.") Ela pensa: "Agora ele é meu namorado, então, qual é o mal nisso?" Eis o mal: você está relaxando os padrões. E se você agir assim uma ou duas vezes? Parabéns! Acabou de estabelecer o padrão da disponibilidade a qualquer hora.

PRINCÍPIO DE RELACIONAMENTO Nº 34

Depois de fazer sexo, aja como se a relação ainda fosse recente.

Os homens respeitam tudo aquilo por que precisam se esforçar. O mesmo ocorre com um adolescente e um carro esporte. Se você der as chaves de um conversível de luxo bem caro em uma bandeja de prata nas mãos de um moleque de 18 anos, ele vai se meter em todo tipo de confusão. Vai receber multas por excesso de velocidade, vai bater o carro e não cuidará dele. Mas, se o mesmo garoto tiver de entregar alguns documentos ou vender algumas peças de roupa durante as férias para obter o carro, cuidará muito melhor dele. Se um amigo disser: "Vamos cantar pneu para ver a velocidade que esta belezinha alcança", ele vai responder: "Você está louco? Trabalhei o verão inteiro para comprar estes pneus."

Michael contou uma história muito simples, mas comovente a respeito de como sua noiva, Kate, conquistou seu respeito mantendo a cabeça no lugar depois do sexo. No primeiro fim de semana em que tiveram uma relação íntima, Kate recebeu uma ligação de sua tia da América do Sul. Ela disse a Michael que podia demorar um pouco. Cinco minutos se passaram até que ele começou a limpar a garganta para mostrar que gostaria que ela desligasse o telefone. Kate cobriu o bocal e sussurrou: "Você tem algo para fazer? Por favor, não quero segurar você aqui se estiver ocupado."

Certamente não é o tipo de atitude que se espera ler em uma coluna de boas maneiras, que provavelmente aconselharia a seguinte resposta: "Ah, quanta grosseria minha! Vou desligar o telefone agora mesmo e pegar seus chinelos também!" Kate deu a entender a Michael que ele estava liberado para ir embora – completamente diferente da atitude da maior parte das mulheres, que normalmente agarram o cara com unhas e dentes. O que sua atitude revelou: "Não vou parar de ser quem eu sempre fui por causa de uma noite de paixão. Este é meu mundo e não posso parar de viver como sempre vivi."

PRINCÍPIO DE RELACIONAMENTO Nº 35
Quando não conseguem controlar uma coisa, os homens sempre ficam com a pulga atrás da orelha.

Quando você fica aborrecida ou nervosa, ele sabe que tem o controle da situação. Então, desacelere o motor. Acalme-se. Depois de fazer sexo, simplesmente aja como os homens: prepare um sanduíche. Assista a algum programa esportivo. Compre uma luta em *pay per view*. Assista aos gols da rodada. E depois durma no sofá, naquele lugar gasto em que sua bunda já ficou marcada.

Não permita que ele passe na sua casa sem ligar. Deixe que ele se esforce um pouco. Se você for buscá-lo no aeroporto à meia-noite, deixe-o em casa e caia fora. Independentemente do motivo, não seja uma loja de conveniência aberta 24 horas. No sul dos Estados Unidos, há a expressão *ficar idiota*. Não fique idiota depois do sexo. Faça com que ele a trate com respeito.

Não parta do princípio de que "Os homens são assim. Não planejam as coisas com antecedência. Não deixam de fazer o que têm de fazer." Errado. Por acaso ele perde o apito inicial da final do campeonato? De jeito nenhum. Quando algo é importante, ganha prioridade. No dia do grande jogo, ele vai conferir se as pilhas do controle remoto estão boas, se as cervejas estão geladas e esquentar aquele cantinho do sofá de que ele tanto gosta... uma hora antes de a moeda ser lançada no ar.

Se você não correr atrás dele, ele vai precisar ir atrás da "garota dele". Dana e Adam têm a história perfeita a respeito de como um homem pode, sim, correr atrás de você. Adam disse a ela que iria fazer uma viagem com amigos: "Vou viajar. [E daí ficou olhando para ela, esperando uma resposta.] Você tem alguma coisa a dizer sobre isso?" Ele achava que ela teria um ataque e informou que o celular ficaria ligado o fim de semana inteiro, mas ela não ligou. Naquele sábado à noite, saiu com as amigas. Quando voltou para casa, havia nove chamadas não atendidas e quatro mensagens de voz. (Observação: não importa o quão ocupado ele esteja. Se quiser entrar em contato com você, achará tempo para ligar.) Na manhã seguinte, Dana voltou da missa e encontrou Adam sentado nas escadas do prédio dela

PRINCÍPIO DE RELACIONAMENTO Nº 36

Se você preservar um pouco de privacidade e ele tiver de ficar imaginando onde você está uma vez ou outra, estará estimulando a imaginação dele. No segundo em que não conseguir encontrá-la, ele vai se empenhar ao máximo para saber onde você está.

Jacqueline Kennedy Onassis disse: "Existem dois tipos de mulheres: as que querem dominar o mundo e as que querem dominar na cama." E há um terceiro tipo: a poderosa. Ela consegue os dois tipos de dominação.

Para que o fogo dentro de casa permaneça sempre aceso*

*Apenas para mulheres poderosas nível avançado

Imagine um homem passando pelo cantinho do café no escritório. Ele escuta duas secretárias conversando e uma diz: "Não vou dar pra ele." Instantaneamente, seus ouvidos se aguçam e aquilo fica registrado em seu arquivo de memória. Existem certas atitudes que as mulheres têm em relação ao sexo que ficam registradas na mente de um homem. Eis por que a ideia de não "dar pra ele" soa tão mal. Quando o homem gosta mesmo de sexo, quer sempre se sentir desejado e irresistível.

Dito isto, há ocasiões em que você não quer transar. Afinal de contas, as mulheres simplesmente não têm a mesma força física dos homens. Não podemos erguer uma caixa pesada como eles, não conseguimos abrir potes – e às vezes simplesmente não temos a fortaleza física necessária para nos transformar em uma almofada de alfinetes depois de passar o dia inteiro correndo atrás de crianças ou cumprindo prazos no trabalho. Se você for explicar isso a ele, assegure-se de falar de um jeito que o faça sentir-se grande e forte, ao passo que você é uma florzinha delicada. Assim, você poderá negociar uma massagem nos pés ou nos ombros e evitar que ele se sinta rejeitado. Se ele se sentir frequentemente rejeitado, vai acabar se desligando do relacionamento.

PRINCÍPIO DE RELACIONAMENTO Nº 37

Para um homem, um relacionamento sem sexo representa um relacionamento sem amor, sem afeição e sem conexão emocional.

Como a maior parte das mulheres não tem a mesma disposição sexual dos homens, a frequência do sexo geralmente se torna um problema. A maneira de evitar que isso aconteça é surpreendê-lo no quesito sexual. Assim, ele obterá estímulo físico e mental e ficará um pouquinho desequilibrado. Quando o homem sabe que vai transar duas vezes por semana em um horário específico, em uma posição específica, começa a se ressentir, como se estivesse fazendo à força um regime sexual. Mas, se você o surpreender constantemente, ele sempre vai ficar relembrando dos momentos sensuais que vocês compartilharam há pouco tempo.

PRINCÍPIO DE RELACIONAMENTO Nº 38

Conserve sempre o mistério. Faça com que o sexo seja esporádico e imprevisível. Assim, tudo será muito mais intenso para o homem.

Então, em vez do previsível "peixe com arroz e batata às sextas-feiras", ele sente que nunca está muito longe de um bufê de consumo livre. Se você transar com ele no corredor na terça-feira e surpreendê-lo na lavanderia na sexta, essas lembranças ficarão impressas no cérebro dele. Os homens não esquecem coisas assim. Agora, as *pre-*

liminares mentais ficarão na cabeça dele sete dias por semana – apesar de vocês só terem transado duas vezes nesse período.

Nunca subestime o poder daquilo que você diz a um homem antes ou depois de transar. O homem vai dar muito mais valor à relação e se sentir muito mais conectado à ela se você de fato gostar de transar com ele e fizer com que ele sinta que a "coisa" dele é mais do que especial. Se você esmagar o ego dele, o "gostosão" logo vai se transformar em um "mala". E, então, não vai querer tomar parte de compromisso algum.

Afinal de contas, o caminho para chegar ao coração dele não passa pelo estômago... e sim pela cueca.

4

Cutucar as feridas femininas:
ANTIGA TRADIÇÃO MASCULINA

Por que os homens irritam as mulheres de propósito

Bom, vocês sabem como é, garotos.
Um reator nuclear é bem parecido com uma mulher.
Basta ler o manual e apertar o botão certo.

HOMER SIMPSON, EM *OS SIMPSONS*

Recupere o controle remoto de suas emoções

Se você fosse uma mosquinha escutando a conversa de um grupo de homens, não seria incomum ouvi-los debater como os homens são "racionais" e as mulheres são canhões sem controle emocional. Ao lado de comer *churrasco* e falar de futebol, lamentar-se com os amigos figura entre os passatempos preferidos dele. Beber... jogar pelada... caçar... pescar... e a velha e boa troca de histórias envolvendo mulheres.

Por isso, os homens adoram a fala de Jack Nicholson em *Melhor É Impossível*. Quando perguntam ao personagem de Nicholson como ele consegue descrever o temperamento de uma mulher assim tão bem, ele responde: "Penso em um homem. Daí, tiro toda a razão e a responsabilidade por seus atos." É assim que muitos homens enxergam as mulheres.

Este é o segredinho sórdido que eles não querem que você conheça: um cara a irrita de propósito, ataca sem dó nem piedade e por isso você tem de prestar atenção à maneira como reage. Ele fica testando os limites de sua fachada de "boa moça" de caso pensado, para saber o que pode vir pela frente. Ele quer saber quanta coragem você tem. Quer descobrir se você é atenta e esperta. Quer testar sua capacidade de detectar quando ele se comporta mal.

Nenhum homem vai chegar para você depois de um dia difícil e dizer: "Querida, preciso de um abraço e de muito carinho." Em vez disso, a abordagem dele para conseguir sua atenção é provocar. Daí ele apreende qual é a importância dele em sua vida e se você reage de maneira emotiva demais ou não. *Quando você fica aborrecida, ele sabe que você se preocupa com ele e sabe que quem está no controle da situação é ele.*

PRINCÍPIO DE RELACIONAMENTO Nº 39

Quando uma mulher reage de maneira emocional, os homens conseguem três coisas: atenção, controle e sensação de importância.

No mundo real, os relacionamentos não acontecem exatamente como um enredo de filme para toda a família com muito Sol e cachorrinhos. Enquanto as mulheres não veem lógica alguma em deixar alguém P da vida de propósito, os homens consideram essa capacidade um instrumento de teste. Eu tenho um apelido afetuoso para este processo: "testoteste".

Testoteste

> Trata-se de um ritual de encontro estratégico e premeditado que tem por finalidade pisar no seu calo. O teste geralmente começa quando ele se afasta de alguma maneira para ver o que vai acontecer. Talvez ele se "esqueça" de ligar de propósito. Talvez olhe para outra mulher. Cada vez que faz essas coisas, ele avalia sua reação. Espera um reflexo involuntário, provocado por descontrole emocional.

Afinal de contas, os relacionamentos nem sempre vêm embaladinhos para presente. E, às vezes, o homem pressiona seus pontos de pressão só para ver como você reage. No instante em que ele detecta emoções exacerbadas que considera desproporcionais à situação em que se encontram, você é logo classificada como uma mulher que não pode ser levada muito a sério. Se você bater os pés, esguichar lágrimas pela casa toda e começar a soltar berros tão estridentes que seriam capazes de paralisar um rinoceronte em ataque, *ele saberá que tem plenos poderes sobre você.* E:

PRINCÍPIO DE RELACIONAMENTO Nº 40

Se ele conseguir manipulá-la com facilidade, chegará à conclusão de que não tem de assumir nenhum tipo de compromisso para que você fique ao lado dele.

Se, por outro lado, você não se abalar e responder com a cabeça no lugar, ele vai encarar isso como sinal de força. A confiança e o respeito dele vão se aprofundar e ele vai querer dar o próximo passo na relação. Instantaneamente, vai mudar de marcha, porque perceberá que está lidando com *uma igual.*

Por exemplo, digamos que um cara chegue em casa depois de um dia de trabalho dificílimo. Ele não vai dizer: "Querida, preciso de atenção." Em vez disso, dará início a uma disputa verbal com você. A sensação de satisfação dele virá quando vocês fizerem as pazes e se beijarem. Isso o incentivará a usá-la como saco de pancada emocional. Por outro lado, você pode não recompensá-lo. Diga: "Certo. Estou vendo que seu dia foi péssimo. Vou deixá-lo esfriar a cabeça e daqui a uma hora estarei de volta. Vou colocar uma cerveja no congelador para você. Quando sair do banho, já estará bem gelada. A gente se vê mais tarde." Então saia de cena, e desapareça durante umas duas horas. Assim você terá todo o respeito dele. Por quê? Ele vai ficar pensando: "Foi muito astuto da parte dela. Ela viu o que vinha pela frente e me interpretou como se eu fosse um livro aberto. Humm... ela realmente não vai aturar esse tipo de comportamento. Acho que, se eu continuar a agir como um canalha, serei substituído."

PRINCÍPIO DE RELACIONAMENTO Nº 41

A melhor maneira de estabelecer limites com um homem quando ele a está testando é controlar o fluxo e o refluxo de sua atenção. Uma reação emocional é sempre uma recompensa, mesmo que seja atenção negativa.

Na cabeça dele, não está agindo como um canalha, porque tem um objetivo específico. Então, ele vai sondando pelas beiradas para descobrir:

- ✓ O que realmente é importante para ela que eu ainda não sei?
- ✓ Como ela vai ficar quando estiver na pior, ou quando se sentir injustiçada?

É uma combinação entre pegadinha e jogo de gato e rato (em que você é o rato). Ele a está testando para ver se você consegue segurar as pontas ou se *desmorona* como uma criancinha de cinco anos dando ataque em uma loja de brinquedos.

Lembre-se de que o limite é tênue entre teste e desrespeito. Então, façamos uma breve comparação.

Um teste	Comparado a desrespeito
Um teste Normalmente, logo depois de transar, ele vai se mostrar distante para ver como você reage.	**Comparado a desrespeito** O desrespeito é repetido e contínuo. A desatenção dele está mais na cara, mais cheia de maldade e, em geral, serve como indício de que o relacionamento ruiu com o passar do tempo.
Um teste Ele liga para cancelar um encontro, só para ver como você reage e se vai se mostrar flexível.	**Comparado a desrespeito** Ele não liga. Simplesmente dá o cano e liga um ou dois dias depois com uma história meia-boca complicadíssima.

Um teste	Comparado a desrespeito
Um teste Ele dá uma olhada em outra mulher para ver qual é sua reação, na esperança de que você se apegue mais a ele.	**Comparado a desrespeito** Ele passa a noite toda conversando com outra mulher em uma festa, dispensando pouca ou nenhuma atenção à maneira como você se sente.
Um teste Ele pode fazer gozação com você de brincadeira, ou fazer piadas para irritá-la, ou ainda caçoar de você.	**Comparado a desrespeito** Ele vai dizer coisas para magoá-la, denegri-la ou insultá-la de propósito.
Um teste Ele pode se atrasar.	**Comparado a desrespeito** Ele vai desaparecer. Depois de sumir por uma semana inteira, vai ressurgir, ligar para você do nada e agir como se não houvesse nada errado. Normalmente, o telefonema é feito tarde da noite.

De certo modo, não existe algo como "um pouquinho" de desrespeito. Porque, quando um homem vê que você aceita um pouco, isso o incentiva a ser ainda mais ousado. A maneira mais rápida de perder as esperanças é deixar que alguém faça com você o que bem entender, porque quando abrir os olhos vai se odiar por ter permitido que isso acontecesse. Então, você tem de identificar o que está acontecendo antes que possa aprender a reagir.

A primeira questão é a seguinte: será que você deve se defender verbalmente? Ou não verbalmente? Para evitar que você se torne um brinquedinho nas mãos dele, você tem de se mostrar uma mulher poderosa em relação às suas ações, não às suas palavras.

PRINCÍPIO DE RELACIONAMENTO Nº 42

Os homens *escutam* o que *veem*.

No filme *Menina de Ouro*, Morgan Freeman diz: "Às vezes, a melhor maneira de dar um golpe é *dar um passo atrás*." As seções seguintes a ensinarão a fazer exatamente isso, com muita graça.

Ferida feminina 1: Ele pode tentar fazer com que você sinta ciúmes de outra mulher.

Na Inglaterra, há um provérbio: "Uma mulher sem ciúme é como uma bola que não quica." Isso pode ajudar a explicar por que os homens usam o ciúme para testar as mulheres. "Será que ela quica bem? Será que se porta como uma máquina de *pinball*, com todas as luzes piscantes e as campainhas? Será que consigo me livrar da acusação de assassinato se comprar uma dúzia de rosas?" Se for assim, haverá muita diversão. Quer dizer, para uma pessoa. Os homens sabem que a competitividade é uma fraqueza para a maior parte das mulheres, e isso faz com que o ciúme seja o Cadillac de todos os calos em que podem pisar.

Uma das primeiras providências que o homem pode tomar é tentar convencê-la de que suas ex-namoradas ainda estão a fim dele (até aquela que fugiu com outra mulher). A versão dele? "Terminei com ela com toda a delicadeza, mas ela nunca me esqueceu." Se ele passou o dia no zoológico, vai dizer que a gorila-fêmea também quis ficar com ele. Em outras palavras, ele deseja colocar uma venda em você e fazê-la acreditar que todas as mulheres com idade entre 18 e 80 anos o desejam, para você ficar achando que ele é um partidão.

Por isso, ele a levará a um restaurante e dará atenção extra à garçonete. Ou vai olhar para alguma mulher quando estiver no cinema. Também por essa razão ele dará longos abraços em amigas na sua frente. E não é um abraço do tipo "tapinha nas costas". É sempre aquele tipo de abraço que dá vontade de pegar uma mangueira para esguichar os dois e separá-los, como se faz com cachorros.

Carmen estava saindo com Sam havia vários meses. Ele queria ver qual era sua postura no relacionamento e resolveu abordar o assunto falando de uma moça nova do trabalho. "Tem uma mulher no meu departamento que vive dando em cima de mim e me deixando bilhetinhos." (A bandeira vermelha é o fato de ele estar fazendo o aviso. Esta é a pista número um para você saber que não há nada com que se preocupar.) Carmen respondeu: "Entendo bem o que você está dizendo. Sei como pode ser irritante. Tem um musculoso da academia que também vive me incomodando. Ele quer que eu vá para a Europa com ele e a gente mal se conhece."

PRINCÍPIO DE RELACIONAMENTO Nº 43

Quando um homem tenta fazer com que você sinta ciúme, isso raramente tem a ver com o desejo que ele possa ter por outra pessoa. Se você se irritar, ele terá certeza de que está ligada nele.

Pense bem: se ele estivesse mesmo pulando a cerca, você acha que contaria? É o mesmo que mandar colocar um cartaz na rua: "Não estou pulando a cerca *de jeito algum*. E me dedico muito a 'mim' mesmo no chuveiro." Quando um homem faz algo assim *tão* óbvio – como deixar o cartão de visita de uma mulher *na sua cara* –, provavelmente tem como objetivo chamar sua atenção e se assegurar de que você está ligada nele. O cartão foi deixado naquele lugar para que você o visse. Quando um homem olha para outra mulher quando você está a meio metro dele, você não tem como ficar pensando: "Perigo! Perigo! A outra mulher é melhor do que eu. Não sou boa o bastante." Ele faz isso só para provocar você.

Portanto, aplique a máxima de Hollywood: *"Se não houver público... não haverá show."* Se você não demonstrar reação alguma, não vai estimular nem justificar o mau comportamento dele.

Um exemplo clássico disso é Gary, que levou Lindsey a uma festa de Natal da empresa e a deixou sozinha para conversar com algumas colegas bonitas. Ele se ausentou durante quarenta minutos. Algumas mulheres teriam ficado ao lado do bar a noite toda, fazendo bico. Mas Lindsay adotou a atitude "olho por olho, dente por dente" e tratou de conhecer os solteiros bonitões que estavam por lá. Quando ela derrubou o drinque, foi rodeada por homens prestativos, que ofereceram guardanapos para secá-la. Gary se virou e descreveu a cena como "uma matilha de lobos atacando minha tenra ovelhazinha." A conversa paralela dele terminou e ele voltou zunindo para sua convidada especial. Depois disso, você acha que ele deixou Lindsev sozinha de novo em festas? De jeito nenhum.

Outra variação do gatilho do ciúme é o sujeito que diz: "Sabe, uma coisa de que sinto falta na minha ex é que ela era ótima cozinheira." Permita-me traduzir: ele está com fome. Quer que você vá para a cozinha e se transforme em uma *chef* cinco estrelas. Espera que você lhe prepare um banquete digno de rei, tudo para competir com uma ex fantasiosa que nunca existiu. Ele pode dizer: "Ela mantinha a casa sempre limpa." *Sempre vai dizer que ela fazia melhor algo que ele deseja que você faça*. Por isso, alguns homens vivem falando para a mulher sobre como a mãe cozinha bem – para que as refeições quentinhas não deixem de aparecer à mesa.

Tenho uma amiga que é mãe solteira e tem um filho de 12 anos que visita o pai com regularidade. Daí ele chega em casa e não para de falar das comidas da madrasta: "A Candace faz o melhor peixe frito do mundo." Então, veja bem, o negócio começa cedo. (Este será o futuro marido de alguma menininha desavisada.)

Isso me faz lembrar de uma historinha fofa de uma amiga minha. Ela convenceu o marido de que era uma *chef gourmet* sem nunca ter preparado um único prato para ele. Como? Certo dia, ela foi a um bazar de objetos usados e comprou uma caixa cheia de utensílios de cozinha por cinquenta dólares. Foi para casa com um jogo de panelas completo, *timers* para cozinhar, espátulas e um monte de colheres de pau. Nunca cozinhou na vida. Mas o certo é que os apetrechos surtiam uma bela impressão sempre que ele chegava e via todas as panelas em cima do fogão ou na pia. Está vendo? Você aí achando que a maior fantasia dele era uma mulher nua em uma banheira de espuma... e umas panelas na pia com detergente surtem o mesmo efeito.

Costuma-se dizer que os homens se casam com suas mães. Mas eles não desejam necessariamente uma mulher com avental e chapéu de mestre-cuca na cozinha preparando bolos fofinhos. Isso tem mais a ver com a noção de que "mamãe sempre sabe tudo". Em outras palavras, eles querem uma mulher competente, que possa pensar por si mesma, dar conta dos próprios problemas, tomar as rédeas e dizer a ele para parar de ser trouxa – tal qual a mamãe fazia quando ele era pequeno.

Quando ele tenta deixá-la com ciúmes, quer saber quem está no comando. Quando o planinho dele sai do controle e ele vê que você pegou um desvio inesperado, ele puxa o freio de mão e se reposiciona. Então começa a obedecer às regras de trânsito e, a partir daí, começa a dirigir como uma pessoa de bom senso.

Sophie estava saindo com Tyler e o relacionamento deles era sério. Tyler lhe falou a respeito de uma amiga que, de acordo com ele, "queria ficar com ele". (Mais uma vez: ele está dando o aviso. É óbvio. Isso quer dizer que Sophie não tem nada com que se preocupar.) Ela compreendeu a situação e respondeu com muita calma: "Não quero me intrometer e Deus me livre fazer com que você tome a decisão errada. Se você quiser sair com outras pessoas, tudo bem. Vá ver se você gosta dela e me comunique quando chegar a uma conclusão." Sophie desligou o telefone e, no dia seguinte, Tyler enviou rosas para o trabalho dela. Quando ela ligou para agradecer, ele a convidou para viajar no fim de semana para um hotel romântico em Santa Barbara, na Califórnia. A mulher misteriosa nunca mais foi mencionada.

Se você não reagir, consegue adivinhar o que vai acontecer? A ferida fica para sempre fechada e já não há mais graça em cutucá-la. Se ele continuar a fazer referências inocentes a uma ex-namorada em particular, você só precisa responder na mesma moeda. "O Luke sempre me fazia rir, o tempo todo. E meus pais simplesmente o adoravam." Ele nunca mais vai conseguir assistir a um filme da série *Guerra nas Estrelas* sem se arrepiar cada vez que ouvir o nome Luke.

PRINCÍPIO DE RELACIONAMENTO Nº 44

Quando *você* começa a agir da mesma forma que ele, o mau comportamento desaparece em um passe de mágica.

Será que dar o troco na mesma moeda significa que você estava "fazendo joguinho"? De jeito nenhum. Para início de conversa, o jogo era *dele*. Foi ele quem a arrastou para aquela situação, e contra a sua vontade. Ele pegou a bola no meio-campo, deu um passe e voltou a pegá-la na boca da área. (Seu papel foi simplesmente marcar o gol.)

Ferida feminina 2: Ele pode se esquecer de ligar, chegar atrasado ou dar para trás de algum modo.

Os homens estão acostumados a ditar as regras. Quando um homem fica um pouco distante, está observando para ver qual será o tamanho de sua persistência. Da mesma maneira que as mulheres se fazem de difíceis, os homens também agem assim. Se ele tiver algum indício de que você irá atrás dele como um cachorrinho, seu próximo movimento será checar para ver se você "vai se esforçar para tanto", como quando fazemos um cachorrinho pular para pegar um biscoito. (Você tem de deixar bem claro que seu apelido não é Totó.)

Dito isto, ele *deve* se sentir desejado. Ele deve se sentir valorizado, apreciado e adorado. Só que isso não pode acontecer depois de um mau comportamento: assim, você vai criar um monstro.

Um exemplo perfeito disso é Thomas, que estava acostumado a presenciar ataques da parte de Faith quando saía para beber com os amigos e voltava tarde. Faith pediu a ele diversas vezes que ligasse quando pretendesse chegar tarde em casa. Ele não ligava. Isso aconteceu durante um ano. Certa sexta-feira à noite, ele entrou na ponta dos pés às 4h da manhã, foi até a geladeira e derramou duas cervejas na pia para fingir que havia chegado em casa mais cedo. Depois de decorar a cena do crime com as garrafas vazias, foi dormir no sofá. Quando acordou no sábado de manhã, Faith não estava em casa. Uma amiga dela que é aeromoça tinha ligado e a convidara para passar o fim de semana no Havaí. Thomas não sabia e passou o resto do fim de semana preocupadíssimo, em pânico, ligando para todos os amigos e familiares a fim de localizar Faith.

(Avance no tempo um dia e meio.) No domingo à noite, Faith chega toda alegre e bronzeada, com cheiro de óleo de coco e um belo colar de flores em volta do pescoço. "Aloha!" De uma hora para outra, ocorreu uma total inversão de papéis. "Por que você não ligou? Eu estava morto de preocupação!" Daí seguiu-se um sermão a respeito de ter mais consideração. Faith ouviu tudo enquanto mastigava castanhas Maunas havaianas. Então, respondeu: "Não sei por que você está tão irritado comigo. Por acaso eu não trouxe umas castanhas para você? Além do mais, se somarmos todas as horas que você passou bebendo até tarde da noite no último ano, não daria nem uma fração das horas que passei fora." Então, ela se dirigiu para o andar de cima a fim de desfazer as malas. Thomas nunca mais se esqueceu de ligar para Faith. Passou a sair a metade do que saía antes, a voltar em horário decente e até comprou um celular bem moderno para ela, para que pudessem se falar sempre.

PRINCÍPIO DE RELACIONAMENTO Nº 45

Quando um homem não liga, várias possibilidades passam pela cabeça da mulher. Do mesmo modo, a imaginação dele fica a toda quando não recebe notícias suas.

Se você não tem dinheiro para fazer uma viagem até o Havaí e não conhece nenhuma aeromoça, existe uma alternativa bem mais em conta para lidar com o problema do "parceiro que volta para casa quase ao amanhecer". Há uma coisa encontrada facilmente em casas de ferragens que se chama tranca interna. (Usada uma vez, em temperaturas baixas, tem uma taxa de eficácia de 99%.)

Quando um homem chega tarde ou não liga, ele está no controle de tudo. Alguns até fazem o tipo festeiro: "Ah, querida, estou com a maior ressaca. Tomamos caipirinhas demais ontem à noite." Ele provavelmente comeu uns amendoinzinhos de aperitivo, roubou uma azeitona do bar e tomou uma cerveja light. "Se eu passar a noite toda fora de casa, será que ela vai gastar o tapete andando de um lado para o outro?" Por isso, ele vai agir como se fosse o maior beberrão... e vai se orgulhar muito disso. Por quê? Porque, quando sabe que tem uma mulher à sua espera, preocupada e aborrecida, ele se sente cuidado. É a mesma sensação que você tem quando ele lhe manda rosas, aluga uma limusine ou compra ingressos para o teatro.

Até os adolescentes fazem isso com a mãe. Stevie, de 13 anos, disse: "Se eu souber que minha mãe vai gritar comigo, já fico no fliperama até mais tarde do que de costume e tomo mais um refrigerante. Quando ligamos para avisar que vamos nos atrasar, levamos bronca do mesmo jeito. Então, por que estragar a diversão? É melhor levar uma bronca só quando chegar em casa, em vez de levar duas."

Por outro lado, se ele chegar em casa e você não estiver lá para a entrada triunfal, perde a graça. "Cadê ela? Estou precisando de minha dose de adrenalina. Espera, para ela não importa onde estou ou onde estive. Por que ela *não* está aborrecida? Já ouvi homens dizerem literalmente: "Fico fora até tarde porque isso faz com que minha namorada me valorize mais." (A reação dela confirma que ela está ligada nele.)

Tão comum quanto a cena de "beber até tarde" é a cena de "trabalhar até tarde". Fazia pouco tempo que Brett estava saindo com Andrea. Ele ligou e disse que estava pensando em cancelar um encontro por causa de um dia extremamente difícil no escritório. Disse que ia ver como ficaria a situação. Quando Brett ligou de novo no fim da tarde, estava mais animado e quis manter o encontro, mas Andrea já havia se programado para fazer outra coisa. Ela, então, usou as palavras mágicas: "Não queria que você se sentisse pressionado. Então, combinei de ir a um churrasco."

Lembre-se desta frase mágica: *Não queria que você se sentisse pressionado*. Caem como uma luva com homens que se dedicam muito à carreira. Homens de sucesso explicam que estão sempre precisando fazer algo por obrigação, pressão ou dedicação ao trabalho. A última coisa de que eles precisam quando estão desempenhando o papel de Donald Trump é arrumar uma namorada que exige a mesma coisa. Seja uma exceção à regra.

Se ele tiver uma razão legítima para não ter ligado, seja compreensiva. Se você for tocar no assunto, o melhor que tem a fazer é ser direta, racional e dar uma resposta tranquila. Isso demonstra autocontrole. Quando um homem chegar atrasado algumas vezes, diga como quem não quer nada: "Reparei que você chega sempre atrasado. Então, se marcarmos de nos ver e você não chegar aqui até as 8h, vou para a minha aula de pilates preferida, que começa às 8h30. No mínimo, você pode me avisar, para a gente não se desencontrar." Isto se chama "inverdade verdadeira". Você diz "me avise" em vez de "me ligue" e informa que vai fazer outra coisa se ele a deixar esperando. A abordagem desencanada torna mais leve a situação. Tradução? Autocontrole.

PRINCÍPIO DE RELACIONAMENTO Nº 46

Quanto mais racional e calma você fica, mais emotivo ele se mostra.

E deixe sempre a antena de seu radar ligada. Se ele disser: "Perdi a noção do tempo com o pessoal" ou "Esqueci completamente", isso deve sinalizar que ele só está fazendo isso para chamar sua atenção. Se você lhe der atenção, ele vai fazer tudo de novo, então aja como se nem tivesse notado. A única ocasião em que você *deve* abordar a questão é quando você tinha algum programa em vista e ele impediu que você o fizesse porque não ligou. Nesse caso, não faça muito alarde. Como? Com os homens, não comece com uma longa história que leva ao que você vai dizer. Isso passa a ideia de que você é insegura. Em vez disso, trate da abordagem... do conserto... e da superação.

1. Abordagem "No futuro, não me deixe esperando. Meu tempo é precioso e eu poderia ter feito vários outros programas."	**Nas entrelinhas:** Repare que você disse que *seu* tempo é precioso. Não está dizendo exatamente que seu tempo *com* ele é precioso.
2. Conserto "Por favor, dê para mim o mesmo tipo de satisfação que daria a um cliente."	**Nas entrelinhas:** Você está resumindo a situação com um exemplo do trabalho. (Isso faz de você uma mulher lógica.)
3. Superação Então, deixe o assunto de lado, como se nunca tivesse vindo à tona.	**Nas entrelinhas:** Tradução: as negociações estão encerradas.

Muitos homens pressupõem que quando você fica dando indiretas ou jogando verde é porque não se sente muito à vontade consigo mesma ou com a comunicação na relação, e por isso não diz o que pensa. Quando você apresenta um problema com a frase "Então deixa pra lá", demonstra que é segura. "Opa. Se eu tentar fazer isso de novo, ela vai me trocar por outro." Quando ele vê que você não pode ser manipulada, passa a considerar uma relação séria com muito mais intensidade.

PRINCÍPIO DE RELACIONAMENTO Nº 47

Para um homem, é totalmente inadequado agir de maneira emocional quando conversa sobre coisas importantes. Se você falar com calma, ele vai partir do princípio de que o assunto é muito mais importante.

A primeira coisa que ele vai ouvir é seu *tom de voz*, e só então vai decidir se dará ou não credibilidade ao *conteúdo* do que você está dizendo. Se sua voz estiver sobrecarregada de emoção, ele vai partir do princípio de que nem você sabe ao certo o que há de errado. "Ela está toda emotiva, então tudo vai entrar por um ouvido e sair pelo outro." Daí ele vai começar a pensar em outra coisa e ignorar tudo que você diz. "Ela está na palma da minha mão. Posso fazer o que quiser e ela não vai embora." Portanto, se você quiser que ele escute, terá de ser bem fria e calculista.

A primeira coisa que um guerreiro de verdade aprende é a necessidade de escolher suas batalhas com sabedoria. O lutador campeão não perde tempo com uma peso-leve agitada que dá golpes que não machucam nem um pouco. O bom lutador sabe que se entrar em todas as batalhas, mesmo que sejam difíceis, vai começar a perder por conta do cansaço.

Então, a maneira de evitar uma briga é colocar tudo em pratos limpos em uma frase ou menos.

Sem se alterar, diga:

"Isso é desnecessário, você não acha?"

Ou você pode colocar a coisa em forma de pergunta. Incline a cabeça para o lado como quem não quer nada e lance a seguinte frase:

"Você acha que isso é normal?"

Se ele perguntar do que você está falando, simplesmente reformule:

"Isso é algo que você costuma fazer? Só queria saber."

Então, fique em silêncio. Se ele lhe der uma resposta sem pé nem cabeça, diga apenas:

"Sei."

Então, assinta com a cabeça, dê um golinho no seu drinque e mude de assunto.

Repare que você *não* está sendo sugada para o jogo dele e, ao mesmo tempo, está registrando que o comportamento dele é inaceitável. Sempre que apresenta uma boa saída, as outras alternativas logo começam a parecer inviáveis. Quando você não reage de maneira negativa, não oferece nada que amenize a culpa dele. Assim, ele não vai poder classificá-la como "louca". Não vai poder dizer: "Ela é um fio desencapado. Olhe só para ela. Está me atacando sem motivo algum." Isso dá a ele uma válvula de escape, de modo que nunca precisa examinar seu comportamento. *Nem corrigi-lo.*

Isso me lembra uma citação do filme *Segredos do Poder*, em que John Travolta faz uma sátira do ex-presidente dos Estados Unidos, Bill Clinton. Quando lhe perguntam por que ele não faz uma campanha de ataque contra o seu oponente e opta por uma campanha eleitoral agressiva, ele se limita a responder: "Simplesmente não quero dar àquele filho da mãe a oportunidade de *me* transformar em filho da mãe."

Sempre que você achar que está sendo arrastada para algum joguinho sórdido, lembre-se do seguinte ditado: "Nunca entre em uma luta corporal com um porco. Se você agir assim, os dois sairão sujos. Mas a diferença é que *o porco vai adorar.*"

Ferida feminina 3:
Ele pode fazer algo indecente para ver como você reage.

Uma parte dos testes masculinos é experimentar para ver quais são seus pontos fracos pessoais. (Os egos curiosos querem sempre saber.) Então, um homem pode apoiar os pés calçados em sua mesinha de centro. Pode usar sua toalhinha linda e decorativa da Ralph Lauren com um lacinho cor-de-rosa para limpar a privada depois de "respingar". Na medida em que vai ficando mais confortável, pode até fazer uma emissão de gases tóxicos ou letais depois de comer feijão. Ou pode dizer algo um pouco ultrajante ou indecente, como pedir para que você se encontre com ele usando apenas sobretudo e sapatos de salto alto, só para ver como você reage. Tudo isso é feito de caso pensado, para avaliar sua reação.

Um sujeito até confessou: "Às vezes digo coisas para irritar minha namorada porque ela fica muito sexy quando está aborrecida."

Separei aqui um exemplo clássico de um dos livros de Donald Trump, *Trump – Como ficar rico*, só para mostrar como é lugar-comum na "corrente de pensamento" masculino o ato de provocar alguém de modo premeditado (mesmo que você goste da pessoa). Além de admitir que irrita as pessoas, Trump aconselha seus leitores a fazerem o mesmo. Por quê? "Para ver qual é a reação deles." Eis o que ele diz:

> Se você disser alguma coisa aparentemente descabida, pode ter uma reação reveladora. Às vezes, faço um comentário absurdo em uma reunião só para ver se as pessoas vão atrás ou tomam uma posição e discordam. É uma boa maneira de definir a índole do pessoal que está em volta da mesa. Eles querem ser agradáveis? Sentem-se confortáveis com o que não é previsível? São capazes de ser francos?

Os homens agem assim o tempo todo para fazer com que você abandone o véu da "simpatia", para ver quem você é de verdade. Algo bem semelhante ao que os animais carnívoros fazem quando estão curiosos. Um urso pode arrombar um carro e dar uma mordidinha suave em um objeto pequeno tirado lá de dentro só para ver o que é. Será um animal? Ainda está vivo? Dá para comer? Qual é a textura? O animal não dá uma grande mordida para estraçalhar o objeto. Limita-se a sacudi-lo um pouco e mordiscar de leve.

Onde os homens aprendem isso? Vamos explorar as origens desse comportamento adquirido ao examinar "o garoto de 12 anos que existe dentro dele".

Na infância, é bem provável que ele tenha participado de brincadeiras de xingar. Basicamente, um bando de garotos se reúne e começa a se insultar. Eles trocam golpes verbais com muita precisão.

Menino 1: "Sua mãe tem a bunda tão grande que cobre dois quarteirões inteiros."
Menino 2: "Você não se parece nada com seu pai."
Menino 3: "Sua tia tem a cara chata igual a de um cachorro pequinês."

Se um dos garotos perder a calma ou mostrar algum indício de que vai berrar, chorar ou ceder sob pressão, *será expulso da brincadeira.* Assim, eles aprendem o seguinte: vulnerabilidade equivale a inferno. Às vezes, os meninos ficam com vontade de chorar, mas, como não podem, ficam com o rosto contorcido de segurar as lágrimas. O vencedor é o garotinho que manteve a calma e fez os insultos mais convincentes. É assim que os homens aprendem a trocar golpes verbais.

Os homens adultos se insultam de brincadeira do mesmo modo. Consideram a prática algo que fortalece o lado emocional e uma espécie de afeição masculina. Se um sujeito tiver deixado escapar uma lágrima em 1986 porque o time dele perdeu na final, o fato nunca será deixado de lado no jogo de pôquer semanal.

"Ei, Bobby? Comprei uma caixa de lenços de papel e mandei colocar seu nome. Está na penteadeira. Pode se servir."
"Bobby, pegue uma cerveja na geladeira para mim, já que está de pé. Não se esqueça do descanso de copo de rendinha. O Bobby gosta de ser o passivo da relação."
"O Bobby tem uma bunda linda. Não ficaria bem com um sutiã daqueles que levantam os peitos?"

É daí que vêm as piadas dele quando pega pesado com você. Na verdade, são um elogio. É a maneira que ele tem de dizer a você que a enxerga em pé de igualdade. Ele acha que esse é o modo de ter uma "briguinha romântica". Um sujeito explicou: "A gente quer uma mulher que faça piada e possa ser nossa cúmplice no crime. Nenhum homem quer uma mulher que só diz sim." Ele a testa para ver se você é capaz de se defender *sem desmoronar*. Se você responder na mesma moeda, ele a considerará uma parceira confiável. "Esta aqui é escolada"

PRINCÍPIO DE RELACIONAMENTO Nº 48

Muitos homens reduzem as mulheres a uma lista de pressupostos. Eles partem do princípio de que todas as mulheres são emotivas e de que serão capazes de manipulá-las por meio de suas emoções assim que conhecerem seus pontos fracos. Quando não conseguem isso, eles geralmente desmoronam e se transformam no elo vulnerável da relação.

Os homens partem do princípio de que as mulheres simplesmente não conseguem ser analíticas, e que temos "deficiências técnicas" no que diz respeito às ciências. Lembro de ter visto alguns sujeitos assistindo a um programa de televisão a respeito de uma mulher que participou de uma missão espacial da NASA como astronauta. Um dos sujeitos ficou tão chocado que o outro começou a consolá-lo. "Olha, alguém precisa cozinhar e passar lá no espaço."

Os homens também fazem piadas e dizem coisas de mau gosto a respeito de mulheres policiais. E das que estão no exército. Por quê?

As mulheres são muito emotivas – e criaturas emotivas não podem ter todas as armas. Quando o batalhão precisa entrar em ação, os homens têm medo de que a mulherzinha da unidade fique com medo, chore, entre em pânico e descarregue uma metralhadora na direção errada – e extermine metade do batalhão sem querer. Se pudessem voltar no tempo, com certeza o fariam. Todas as mulheres teriam de entregar suas espingardas e receber um certificado para carregar descascadores de legumes. Na cerimônia de condecoração, ouviríamos trombetas e os soldados seriam homenageados com broches roxos em forma de coração. Então as "mulherzinhas" receberiam panelas roxas. "Por meio desta, nós a condecoramos por ter preparado um lanchinho delicioso sob uma chuva de morteiros."

Por isso, os homens têm certa predisposição a achar que você só age de acordo com a emoção. E, quando você o surpreende com uma abordagem racional, ele pensa: "Esta aqui tem munição. Ela é das boas." Muitas mulheres não percebem que, com frequência, mostrar que têm cérebro e pensar por si é a melhor maneira de conquistar a confiança e o respeito dele.

PRINCÍPIO DE RELACIONAMENTO Nº 49

Ele a provoca para ver se você acredita em si mesma. Quer saber quem está no controle. Se você não se abalar com facilidade, ele concluirá: "Esta aqui não pode ser manipulada."

Uma amiga minha chamada Renee tem um truquezinho que sempre usa com o namorado. Às vezes, ele liga para ela de mau humor. Para evitar uma discussão, ela termina a conversa com algo fofo. Ela pergunta: "Você comeu? Parece que está com fome. Vá comer algo e só me ligue de novo quando estiver de barriga cheia." Bem semelhante a quando os homens dizem: "Você está com TPM?" Só que você diz de maneira afetuosa, não como insulto. E a melhor parte é que isso pode ser usado contra o mau humor dele no café da manhã, no almoço, no jantar e em qualquer momento entre as refeições.

Um cara chamado Harold me disse o que acha irresistível em sua noiva briguenta. "Quando atormento minha noiva verbalmente, ela me coloca no lugar." Estavam conversando sobre casamento e ele disse: "Por que comprar a vaca se podemos conseguir o leite de graça?" Em vez de ficar na defensiva, a noiva dele, Robyn, riu e se saiu com a seguinte frase: "Sei o que você está dizendo. Para que comprar o porco se você só quer a linguiça?"

Antes de pisar em uma ponte de corda que atravessa um abismo entre duas montanhas, ele a sacode para ver se é segura ou se vai desmoronar. Os homens observam a maneira como você se porta na batalha. "Ela é guerreira? Ou é molenga?" Antes que ele se transforme em seu cavaleiro de armadura reluzente, vai querer saber: "Será que vale a pena defendê-la?"

Ferida feminina 4: Ele pode forçar os limites para ver até onde consegue chegar.

Uma mulher de 35 anos com um casamento feliz me contou uma história a respeito do marido. Quando eram recém-casados, o marido deixava toalhas molhadas pela casa toda. Em cima da cama, no chão, penduradas nas portas – em qualquer lugar imaginável, havia uma toalha. Como o pedido de que ele recolhesse as toalhas não deu certo, ela começou a jogá-las da janela do andar de cima para a "árvore das toalhas". Cada vez que ia tomar banho, ele saía de casa e pegava uma toalha da árvore. O verão se transformou em inverno e as toalhas começaram a perder aquele "cheirinho gostoso". Foi aí que ele resolveu obedecer às convenções da ONU relativas ao lar. (Se a toalha não estiver no cesto de roupa suja, não tem de ser lavada.)

O que alguns homens fazem é fingir que são incapazes de fazer algo, de modo que você sempre terá de fazer. Minha amiga Julie é um bom exemplo disso. O marido dela colocou na filha camiseta amarela, bermuda verde e meias vermelhas. Julie ficou com vontade de dizer: "Você é daltônico? Ela parece o Bozo!" Mas, em vez disso, disse: "Ah, querido, obrigada por vestir a menina enquanto eu estava no chuveiro. Foi muito atencioso de sua parte." Daí, para controlar os danos, trocou as meias do bebê enquanto o paizão esquentava o carro.

Os homens fazem isso o tempo todo. Fingem-se incompetentes. Lavam mal a louça e as roupas de propósito, fingem que não sabem usar o ferro de passar – assim, evitam que lhe peçam para fazer de novo. Se você o criticar em relação aos deveres domésticos, a maneira como cuida dos filhos ou como desempenha outras tarefas tipicamente femininas, ele dirá: "Tudo bem! Se não sei fazer, então você faz." Este é exatamente o roteiro que você precisa evitar porque, se entrar nele, nunca mais vai se livrar da obrigação.

PRINCÍPIO DE RELACIONAMENTO Nº 50

Para incentivar o comportamento adequado, diga o que você quer e depois apresente a solução. Mostre-lhe que ele pode ser seu herói.

Foi exatamente o que Paulette fez com o marido.

Ambos trabalham em tempo integral. Eles têm um acordo: quem chega primeiro em casa começa a preparar o jantar. Paulette disse: "Sempre que encosto o carro na frente de casa e vejo que ele ainda não chegou, saio de novo e só volto quando já deu tempo de ele preparar a comida. Compro alguma sobremesa e depois fico elogiando a comida dele. Agora, é sempre ele que cozinha."

Se você quiser que ele faça as compras, apele para o ego dele. Diga: "Não sei do que você gosta. E você é muito melhor do que eu para fazer compras. Você é quem deve ir. Aqui está minha lista..." Quando ele voltar, diga: "Realmente, você é especialista nisso. Ninguém faz compras melhor do que você."

De fato, a incompetência estratégica pode ser muito *útil*. Animais adotam táticas de distração parecidas na natureza. Quando a mamãe pata está com uma ninhada e há um predador por perto, ela o distrai: finge que está ferida e começa a bater as asas de um lado para o outro. Ela desvia a atenção do predador em relação a seus filhotes. Assim que ele é atraído para bem longe dos pequenos, ela volta voando.

Onde ficam as feridas *dele.*

Outra regra básica ao se comunicar com homens: você nunca deve dizer "Querido, precisamos conversar". Se disser isso, ele vai fugir para as montanhas como se houvesse ameaça de enchente.

Ameaça: *Uma enxurrada de sentimentos pela frente.*
Perspectiva: *Não muito boa.*
Previsão para hoje à noite: *Camisolão de flanela, turbulências e dores de cabeça inexplicáveis no quarto.*

Psicólogos moderninhos dizem que, quando você não deseja que alguém se sinta atacado ao abordar um conflito, deve começar todas as frases com: "Eu sinto..." em vez de "Você...". Com a espécie masculina, você pisará nos calos certos com muito mais rapidez se deixar os sentimentos de lado e disser o que *você pensa.* Quando em Roma... fale como Romeu. Romeu começaria frases com

"Eu acredito..."
"Pelos meus cálculos..."
"Meu ponto de vista é..."
"Eu analiso a situação..."
"Falando objetivamente..."

Você conquistará a atenção imediata dele quando usar palavras desprovidas de emoção (algo para o qual ele está completamente despreparado). A seguir, sete palavras intercambiáveis que os homens adoram usar. Incluí um guia rápido de consulta para guiá-la no que diz respeito à definição masculina destas palavras.

Curso-relâmpago de linguajar masculino

LÓGICA

Usada quando ele a descreve de maneira elogiosa para os amigos, enquanto bebe cerveja no bar: "Ela é incontrolável. Por sorte dela, eu sou lógico."

SENSATEZ

Sensatez é outra palavra entre as preferidas. Os homens acham que as mulheres não são sensatas porque compram muitos sapatos e bolsas caras para impressionar outras mulheres. Os homens, por outro lado, são sensatos. Por exemplo, ele considera "sensato" comprar uma imensa motocicleta de quarenta mil dólares, para se deleitar com hemorragia interna (e perda de audição irreversível) enquanto dispara pelas ruas cheio de estilo. Melhor ainda se estiver paramentado com roupas de couro Harley no valor de dois mil dólares, para poder ficar bonitão quando estiver imobilizado dentro da ambulância.

PRATICIDADE

Os homens acham que itens domésticos como almofadas decorativas ou toalhinhas rendadas no banheiro são ridículos e "nada práticos". Cortinas não são práticas. Para eles, praticidade é insistir em pendurar uma manta mexicana na janela no lugar de uma cortina e dizer que isso "alegra o ambiente". Afinal de contas, nada é mais atraente do que um cobertor áspero cheio de pelo de cachorro.

ESTRATÉGIA

Os homens adoram a palavra *estratégia*. "Como nós dois trabalhamos, acho que seria uma boa decisão estratégica se contratássemos uma empregada." A palavra *estratégia* faz com que ele se sinta um homem de negócios importante, como se fosse *El Presidente* da casa. E não é só isso: também serve para trazer à tona lembranças agradáveis de quando ele era criança e brincava com soldadinhos de chumbo em miniatura.

ANÁLISE

Esta habilidade foi concedida apenas à espécie masculina, para que possa "analisar" como as mulheres são excessivamente emotivas.

RACIONALIDADE

A opinião dele é racional.

IRRACIONALIDADE

Sua opinião é irracional.

Assim, nossa aula de linguajar masculino chega ao fim, mas, antes de sair da sala, não se esqueça do dever de casa. Em vez de: "Precisamos conversar sobre meus sentimentos", diga: "Vamos analisar a situação de maneira *racional* e *lógica*." Agora é você quem está segurando as rédeas e decide o rumo da relação.

A primeira atitude dele: virar-se e olhar para você. Então, vai ficar com cara de quem não está entendendo nada. Pode abaixar os olhos para conferir se você ainda é geneticamente mulher. Daí, as luzinhas se acenderão. Além de impressioná-lo, isso ainda vai fazer com que pareça que você sabe do que está falando. A cara que ele faz? Não tem preço.

5

CONQUISTE O CONTROLE *de suas emoções*

Perguntas e respostas – cartas das leitoras

"Nunca deixe que alguém seja sua prioridade enquanto permite que você seja apenas uma opção."

NINA POTTS-JEFFERIES

Loucamente apaixonada

Ouço os homens dizerem com frequência que todas as mulheres são loucas ou emocionalmente instáveis. Alguns até as dividem em categorias. De acordo com a visão deles, as mulheres variam de *levemente* irracionais a totalmente psicóticas. Os homens são conhecidos por se juntarem para jogar uma pelada, tomar algumas cervejas e trocar observações sobre a saúde mental de sua mais nova conquista. "Conheci uma garota nova, e ela parece ser capaz de controlar os hormônios." Talvez você tenha notado que ele sempre fala de alguma ex-namorada. Você sabe, aquela que nunca abaixava a cabeça e parecia estar possuída pelo demônio, o que causou o fim do relacionamento. Claro que ele não teve nada a ver com isso. Ele era um anjinho e, pasme, um belo dia acordou ao lado da garota do filme *O Exorcista*.

Talvez seja por isso que as mulheres se culpam por tudo. Já perdi a conta de quantas vezes as ouvi dizendo "Eu vivo estragando meus relacionamentos. Acho que o problema é comigo." Elas recebem essa análise de saúde mental feita pelo namorado (autoproclamado terapeuta) e já começam a se questionar. "Ele diz que estou agindo como louca, que não sou normal. Sinto que estou enlouquecendo mesmo." Então ela pega um chicote e começa a se flagelar. Várias e várias vezes.

Já as mulheres confiantes riem quando recebem feedbacks ridículos. Se um homem chamar uma poderosa de "meio maluca", ela responde que ele deve dar graças a Deus por isso. "É verdade, e você tem sorte por eu ser só 'meio' maluca. Poderia ser muito pior, porque a maioria das outras poderosas é totalmente psicótica. Imagina o que elas seriam capazes de fazer com você..."

Quando uma mulher consegue rir de si mesma, não leva tudo para o lado pessoal e controla as próprias emoções, ela parece mais "estável", segura e confiável. Assim, o homem acha que há uma chance maior de dar tudo certo no relacionamento.

Este capítulo foi feito para ajudar a mulher que é boazinha com todo mundo, menos consigo mesma. Ela acredita que tudo de negativo que acontece é *culpa dela*. Para ajudar a controlar suas emoções (ou, como dizem os homens, "controlar os seus hormônios"), pode ser útil ler o que outras mulheres estão passando. A situação a seguir pode até parecer familiar.

QUERIDA SHERRY.

Comecei a sair com esse cara e, nos primeiros meses, achei que estava no paraíso. Ele era romântico e maravilhoso. Ligava todos os dias, ficávamos horas ao telefone e dizíamos que poderíamos nos imaginar juntos para sempre. Eu não pedi para ele me prometer mundos e fundos, ele fez isso por conta própria. É por isso que estou tão confusa. Depois que transamos, percebi que ele mudou. Eu queria passar mais tempo com ele, mas ele não correspondia. Embora tivesse tempo para os amigos, a família e o trabalho, ele tinha cada vez menos tempo para mim. Eu me vi ligando e mandando cada vez mais e-mails e me sinto rejeitada na maior parte do tempo. Há algo errado comigo?

– Boazinha Anônima

Vamos voltar para o começo "romântico e maravilhoso", pois foi aí que a falha na comunicação começou. Quando você encontra um homem pela primeira vez, é preciso entender: a maioria dos homens vê as mulheres como brinquedinhos sexuais. Eles se apaixonam de vez em quando, é verdade, mas isso acontece *depois*. Mesmo quando você vê um homem casado, com uma caminhonete e um filho no colo, não era bem isso que ele queria da vida. O objetivo inicial era tirar a roupa da mulher. Ele é uma criatura de sangue quente, com testosterona aos montes. E por causa dos *hormônios*, ele tem apenas três características:

- É ranzinza
- Sente fome
- Tem tesão

Portanto, tudo o que ele diz no começo muito provavelmente tem apenas o objetivo de conseguir o resultado desejado: jogá-la na cama. São as preliminares verbais. Você usa perfume, ele abre a porta do carro. Você diz que só teve três homens na vida (mantendo o rosto impassível), ele diz que está em busca de um relacionamento sério e você tem as qualidades que as outras não tinham. É tudo papo furado.

Eis uma analogia. Pense nos homens como se fossem animais treinados para fazer truques diante de uma plateia. Como uma foca ou leão marinho no parque aquático Sea World. Quando a foca equilibra uma bola na ponta do nariz, ela não está tentando mostrar a sua incrível coordenação motora nem faz os truques para impressionar a todos. Ela faz isso só por um motivo: ganhar um salmão. O mesmo vale para os homens: quando ele paga o jantar e manda flores, está equilibrando a bola no nariz. Alguns homens fazem isso melhor que outros, e algumas focas até batem palmas com as barbatanas três vezes enquanto equilibram a bola. Mas tudo é feito pelo mesmo motivo: ganhar uma recompensa. Se ele quiser o "peixe", vai ter que fazer o "truque".

As mulheres dizem: "Eu me recuso a ir para a cama com um cara que não está interessado num relacionamento sério." Esta é a arma que ele usa contra você. Se ele viu qualquer episódio de *Sex and the City*, então sabe que dizer frases com "amor e compromisso" é uma passagem para o quarto. Homens assistem a esses filmes e seriados para aprender o que as mulheres querem ouvir e prometerem a mesma coisa. Um homem chamado Bradley explicou: "Os homens falam pouco e as mulheres já 'viajam na maionese'. Um cara pode apenas fazer uma afirmação simples e pronto, ela já acha que seus sonhos estão se realizando." Os homens acreditam que as mulheres enganam a si mesmas. Ele coloca ideias em sua cabeça e você faz todo o resto. Como disse o Bradley, "As mulheres estão apaixonadas antes mesmo de encontrarem o pretendente."

Veja bem, isso não quer dizer que ele não a ame, adore e ache você a mulher mais sexy do mundo. Isso significa que, para continuar a fazer sexo, os homens vão enganá-la quanto ao nível de envolvimento que pretendem ter no longo prazo.

Um pouco de indiferença age como um ímã, e o prende de vez

Há um jeito de conseguir uma relação séria, mas transar com o sujeito logo de cara e anunciar que deseja um "relacionamento" ou deixar que ele ponha uma coleira no seu pescoço não é a melhor forma de fazer isso. Em vez disso, é preciso tirá-lo do eixo. Como? Controlando suas emoções. Por quê? Porque ele *não* está acostumado a ver isso.

No começo, basta apenas ***um pouco de indiferença***. Se um homem não souber (totalmente) quais são suas intenções e não tiver certeza do que você quer, ele vai respeitá-la mais e tratá-la melhor. Isso o prende porque ele não tem o controle que costumava ter.

Como fazer isso? Você tem que ser capaz de sentar-se ao lado de um homem, abraçá-lo, beijá-lo e, ao mesmo tempo, conseguir *manter-se emocionalmente a 10 metros de distância*. Mesmo se estiver sentada no *colo* dele, o coração tem que ficar trancado no porta-malas do seu carro – perto do estepe. Você pode ser gentil e carinhosa. Mas pare de dizer a si mesma: "É com ele que vou me casar!" E pare de racionalizar: "Ele é diferente e me faz sentir de um jeito que não me sinto há anos". Em vez disso, você tem que pensar: "Estou disposta a aprender mais. Estou gostando de mim agora, mas, se não funcionar, existem outros caras no mundo."

A maioria das mulheres já começa mal porque demonstra afeto *demais* e *muito cedo*. Assim, logo elas estão em queda livre (sozinhas), e é nessa hora que ele faz o seguinte comentário: "Ela não controla suas emoções." Ou, como um homem chamado Connor explicou, "Quando encontro uma mulher e saio com ela algumas vezes, eu me pergunto: 'Quem está no controle? Ela ou as emoções?'". Se as emoções estiverem no comando, você estará à mercê dele. É coisa de homem. Eles aprendem muito cedo que mostrar emoção demais significa fraqueza. Eles respeitam mulheres fortes. Então, é preciso controlar o quanto de emoção você vai mostrar.

Portanto:

FÓRMULA PARA O FRACASSO:

Falta de controle emocional = Desespero para manter o relacionamento = Moleza para ele

FÓRMULA PARA O SUCESSO:

Autocontrole emocional = Controle sobre como ele a trata e controle sobre se você é respeitada

Os homens acham que se você estiver profundamente ligada a ele e não conseguir mais controlar suas emoções, vai *tolerar praticamente tudo* (só para chorar depois). E vai até arrumar desculpas: "Ele está trabalhando muito" ou "Ele acabou de sair de um relacionamento". Um homem fica mais inclinado a tratar uma mulher como brinquedinho sexual ou troféu quando ela não tem autocontrole emocional e cai nas besteiras que ele fala. É quando ele se aproveita e "monta" em você.

Em outras palavras, ele vai continuar a vê-la, mas só quando lhe for conveniente. Quando uma mulher fica atraída cedo demais *por causa de suas emoções* ou mostra sinais de que não está no controle depois do sexo *por causa de suas emoções* ou espera um final feliz digno de contos de fada *por causa de suas emoções*, ela está se oferecendo numa bandeja de prata.

Por outro lado: se ela for menos tolerante e mantiver a posse das faculdades mentais, vai chamar a atenção dele quando ele tentar "condicioná-la" a receber menos. Na primeira vez em que ele chegar tarde da noite, será abordado na porta de casa: "Não me ligue cinco minutos antes de querer me ver. Embora eu esteja realmente emocionada por você ter decidido arrumar um espaço para mim na sua agenda lotada, faça o favor de avisar com antecedência da próxima vez." Assim, ela se valoriza.

Os homens formam um conceito sobre as mulheres e tentam prever seus atos. Ele quer saber se você vive num conto de fadas e deseja se transformar numa "princesa" – ou se é independente e equilibrada, com objetivos próprios. Se não conseguirem descobrir qual é a sua e nem sempre souberem quais serão seus próximos passos, vão respeitá-la mais e tratá-la melhor. E isso abre as portas para que ele fique atraído e se apaixone por você.

Veja a comparação:

Intensidade emocional *versus*	Um pouco de indiferença
Se ele sentir que você está 100% atraída no primeiro mês...	Se ele sentir que você é curiosa e quer saber mais e não segue o padrão da maioria das mulheres...
... ele vai achar que está no controle total. Isso fará com que ele perca o interesse em você. E começará a aprontar para ver se cola. Se ele se comportar de modo pouco gentil, vai achar que será perdoado.	Ele vai pensar: "Nossa, por que ela não está caindo no meu papo?" e saia menos ...então ele começará a vê-la como uma pessoa de verdade – e não um brinquedinho sexual. E perceber que "há algo a mais aqui". Isso vai mantê-lo interessado.

O mais importante é quebrar o padrão com o qual o homem está acostumado. Quando ele nota que você mantém uma leve distância e fica fora de alcance – e que você não lhe deu um "passe VIP" – isso o prende e mantém o interesse. Ele fica preso de vez se não tiver o "controle" mental com o qual estava acostumado, pois ainda não venceu a batalha. É aí que a situação se transforma num desafio mental. "Eu tenho que ser um homem melhor pra conseguir essa garota." É assim que você será cortejada do modo certo.

Algumas mulheres tentam informar sua estratégia e abordar essas questões verbalmente. A próxima carta ilustra bem isso.

Querida Sherry,

Tenho carreira e vida próprias. Os homens percebem isso. E digo a eles que não vou aceitar besteiras, de qualquer tipo. Também deixo bem claro que desejo ser capaz de ser eu mesma e demonstrar o que me deixa feliz e triste. Quero poder falar sobre qualquer assunto, sem exceção. O cara certo não vai querer que eu seja eu mesma? Sou uma mulher forte, mas os homens geralmente se sentem intimidados diante de mim.

– Boazinha Anônima

Os homens não temem as mulheres fortes. Um homem chamado Michael explica, "Os caras não têm medo de mulheres fortes, mas sim de mulheres com músculos muito fortes na mandíbula e cordas vocais que funcionam demais." Então ele contou uma história:

> "Muitas mulheres não percebem que seu pior inimigo é a boca. Se ela reclama e choraminga demais, não importa se é a mais linda do mundo. (Tradução? Sem controle emocional.) Eu me lembro de um encontro em que saí com uma mulher e comecei a dirigir para encontrar outros dois casais num restaurante, a quarenta minutos de distância. Durante todo o caminho até lá, a moça com quem eu saí falava 'Estou com fome. Estou faminta. Estou com fome. Estou faminta. Falta muito para chegar lá?' Ela sabia onde era o restaurante, e o quanto demoraríamos para chegar, mas ficou me aborrecendo a viagem inteira e não parou de expressar seu desconforto. Antes mesmo de chegar ao restaurante, decidi que nunca mais sairia com ela de novo."

Quanto menos você se expressar verbalmente, melhor. Quanto mais você fala, menos pode observar o que ele está fazendo e quais são as intenções dele. Para um homem, o pior tipo de namorada é aquela para quem nada está suficientemente bom, não importa o quanto ele se esforce.

Você ganha muito mais "voando abaixo do radar" e jogando com seu lado feminino, que desarma os homens, pois eles não têm defesas contra isso. Eles não têm medo de mulheres fortes, mas se afastam das que *perderam a feminilidade*. Dolly Parton, empresária bem-sucedida e compositora respeitada em Nashville, deu uma declaração interessante ao programa de TV *60 Minutes* recentemente: "Muitos homens achavam que eu era tão boba quanto parecia. Sou mulher, mas penso como homem. E, neste mundo dos negócios, isso me ajudou muito, pois quando eles acham que eu não sei o que está se passando, pego o dinheiro e vou embora." A feminilidade faz com que ela aja furtivamente. Ela consegue se dar bem por "voar abaixo do radar".

Como regra geral, não anuncie o que você quer. Você não só informa sua estratégia, como reduz o mistério na relação. Se não gostar de algo, aborde o problema imediatamente. Se a resposta dele não for aceitável, vá embora. Mas não diga *abertamente* para um cara (que você mal conhece) o que a deixa feliz ou chateada. Se você fizer isso, muitos homens usarão essas informações para manipulá-la. Ele vai fazer o que você gosta apenas para conseguir o que quer. Ou fará o que a agrada para ser perdoado por alguma besteira que fez.

Veja como isso acontece:

Querida Sherry,

Estou saindo com um cara, mas o relacionamento não é constante, vai e volta. Parece um círculo vicioso. Nós estamos nessa loucura há dois anos. Somos muito passionais na cama, mas fora do quarto ele fica emocionalmente indisponível e a relação não evolui. Eu já o abandonei um milhão de vezes, só para vê-lo me perseguir com e-mails, telefonemas e aparecer na minha casa ou no trabalho. Ele fala "desta vez vai ser diferente" e diz que "vai mudar". Ele implora para que eu não o abandone e alega precisar de mim. Eu o aceito de volta e ele se comporta bem por um ou dois dias, depois volta ao seu jeito egoísta. Eu realmente o amo, mas essa montanha-russa emocional está me deixando tonta.

– Boazinha Anônima

Se algum homem ler esta carta, vai ficar roxo de inveja. "Cara, todo esse sexo maravilhoso... de graça?"

Se um relacionamento fica nas idas e vindas já no primeiro ano, é um sinal claro de que você está perdendo tempo. Ele não está nessa de "quente e frio" por ser indeciso. Ele faz isso porque está manipulando você. Vamos definir de forma mais clara:

O RELACIONAMENTO "QUENTE-FRIO"

Quando ele está "quente", é porque está *manipulando você.*
Quando ele está "frio", está mostrando *quem ele é de verdade.*

Se você pensar "Se voltássemos a transar de novo, isso poderia evoluir para um relacionamento", dá munição para ser manipulada. Quando um cara que você conhece há algum tempo liga uma vez por semana, você não pode pensar "Oba! Meu plano finalmente está funcionando". Porque o que ele está dizendo a si mesmo é "Legal, posso transar com essa a cada duas semanas" e depois tenta achar outra mulher para fazer sexo nesse meio tempo. O que eu geralmente ouço das mulheres é: "Mas eu quero esse cara, de verdade. Nós temos uma química ótima. Como posso fazê-lo se interessar por mim?" Elas simplesmente não querem aceitar que "aquele cara" as manipula ou que *é assim que ele é de verdade.*

As perguntas que as mulheres geralmente me fazem é "Como eu paro de pensar nele? Como faço para parar de gostar dele?". Se você está de dieta, não pode pensar em bolo de chocolate o tempo todo, certo? O mesmo se aplica aos relacionamentos. Muitas mulheres ficam tão apavoradas ao perder um homem que pensam nele o tempo todo. Parar com essa obsessão doentia resolve 90 % do problema e cura todo o sofrimento. Quando você não está mais obcecada, os homens percebem isso e geralmente fazem você conseguir o que deseja, devolvendo-lhe o poder.

Se quiser controlar suas emoções, precisa controlar seus pensamentos. Como disse Eleanor Roosevelt, "Você precisa fazer o que acha que não consegue fazer." A melhor chance de sucesso com um cara é quando você não está intensamente apaixonada. Se estiver começando um relacionamento e quiser manter os pés no chão, ou estiver terminando uma relação e precisa se desligar, o exercício a seguir será útil. O segredo é parar de pensar nele imediatamente – na marra.

Como parar de pensar nele

- Sempre que pensar nele, PARE.
- Substitua conscientemente o ato de pensar nele por qualquer outro pensamento ou atividade.
- Deve ser um pensamento ou atividade que faça você se sentir bem.
- O segredo é se distrair imediatamente.
- Faça isso, sempre que ele surgir na sua cabeça.
- Seja criativa. Na mesma hora assista ao seu programa favorito na TV, coma seu prato predileto, vá para a academia ou saia para dar uma volta.
- Toda vez que pensar nele — sem exceção — pare de se preocupar e de sofrer e obrigue-se a vivenciar o sentimento oposto. Faça algo que a deixe *feliz*.

Se estiver no trabalho, beba o café de que mais gosta. Se estiver no carro, ponha uma música que a deixe mais alegre. Quando as crianças choram, você as distrai com um brinquedo, não é? É preciso quebrar o ciclo de negatividade e obrigar-se a pensar em coisas positivas que *não tenham nada a ver com ele*. Se isso for feito dez vezes ao dia durante alguns dias, vai acabar com a sua obsessão. É assim que você para de sofrer e se coloca de pé novamente.

Em *O paraíso perdido*, John Milton escreveu: "A mente é seu próprio lugar e, por si, pode transformar o céu em inferno e o inferno em céu." Falamos anteriormente sobre não sair o tempo todo, ou por várias noites consecutivas, com um cara que você acabou de conhecer. E as leitoras seguiram este conselho. Elas só fizeram besteira ao pensar no cara durante todo tempo em que não estavam na companhia dele. Isso cria uma dependência doentia. Você pode muito bem se mudar para a casa dele na primeira semana se ficar pensando no rapaz vinte e quatro horas por dia.

Enquanto se afasta, sempre reavalie seu "prêmio". Se ele ainda não fizer o que você deseja, a pergunta aqui é se você realmente quer esse homem. Talvez ele seja uma criança levada no corpo de um adulto e nunca tenha passado pelo processo que o transformaria de "menino" em "homem", e ainda tem as roupas lavadas pela mamãe, o que lhe dá uma falsa sensação de grandiosidade. Quando encontrar um cara assim, não suponha que você não é mais desejável. É preciso levantar, sacudir a poeira e dizer "Ele não é a pessoa que eu imaginava. Preciso sacudir a poeira e investir minhas energias em outro lugar". Como recomenda Mara Angelou, "Quando as pessoas mostram quem realmente são, acredite nelas... pela *primeira* vez".

Um homem decente nao está pensando: "O quanto posso me aproveitar dela?" e sim: "O quanto posso agradá-la?". Um homem de verdade quer fazer a esposa ou namorada emocionalmente feliz. É o ego falando: "Eu sou *homem o bastante* para satisfazer minha mulher!" Isso faz com que ele se ache um garanhão. Agora vamos definir o que é felicidade: não aceitar migalhas.

Não leve para o lado pessoal. Não tem nada a ver com você. Muitas pessoas não têm o mínimo necessário para entrar num relacionamento e não há nada que se possa fazer para mudar isso. Não é possível pegar um gambá, mergulhá-lo em perfume e esperar que vire um cachorrinho fofo. Com o tempo, o perfume vai evaporar e você ainda terá um gambá nas mãos.

Sempre saiba com quem está lidando; é preciso saber o que você está levando para casa. Ele não vai mudar de caráter. Pode mudar de carreira, de roupas, de prioridades ou de endereço. Mas o caráter permanece o mesmo.

Os homens que não veem problemas em dar migalhas não têm o mínimo necessário para fazer parte de um bom relacionamento.

QUAL É O MÍNIMO NECESSÁRIO PARA UM BOM RELACIONAMENTO?

- Ter caráter e decência
- Ser confiável
- Consideração pelos outros
- Apreciar a gentileza
- Saber qual é a proporção saudável entre ceder e exigir
- Lealdade a quem for leal a você

Eu me lembro do conselho de uma antiga professora: "Dê importância às pessoas que *lhe* dão importância." Não é tão difícil se todos se esforçarem. E caso fique difícil e o relacionamento pareça um trabalho escravo, pare de se punir. A tristeza não é lucro. Você tem controle total sobre como se sente. Você pode se sentir algemada e amordaçada, mas as chaves estão em suas mãos e é possível se libertar facilmente.

Se você está saindo com um cara há vários meses, deixa que ele a veja uma vez por semana – para transar – e ainda quer mais desse relacionamento, está permitindo que ele se aproveite de você. O sexo não é algo que se faça para recompensar alguém ou para conquistar uma relação. O sexo é algo que você faz com um homem que já se importa com você. Se já se passaram vários meses e vocês ainda não se falam pelo menos dia sim, dia não, isso não é um relacionamento. Em geral, é nessas horas que o instinto de boazinha funciona com força total. Veja a sucessão lógica dos fatos:

"Ele era maravilhoso no começo."
"Eu estraguei tudo."
"Preciso... fazer mais... me esforçar mais... fazer de tudo..."
"... e pegar um chicote e me flagelar, sofrendo e dizendo a mim mesma que não valho nada."

A vida já é dura o suficiente, você não precisa de ninguém para piorar as coisas. Nem sempre o problema é você. Talvez ele não seja o cara certo. Talvez ele não tenha o mínimo necessário (e, por isso, não vai dar certo com *nenhuma* mulher).

Então lembre-se: mantenha uma atitude de "esperar para ver" e, enquanto o conhece melhor, ponha um cadeado no seu coração. Com um cara legal, se você se controlar e não se entregar logo no início, vai conseguir saber com que tipo de pessoa está lidando. A nata vai para o topo. Quando você não se entrega logo de cara e espera para ver a reação dele, o homem que vale a pena ter por perto também vai ceder. Se ele esfriar, um pouco de indiferença age como um ímã. Ele ficará preocupado com seus sentimentos. Uma mulher sabe o quanto um homem se importa ao notar que se lembra do que ela gosta, e se faz algo para deixá-la feliz.

Este é o objetivo principal: sua felicidade. E saúde. Jamais se importe com o que um homem pensa a seu respeito – *até que ele demonstre para você que se preocupa em fazê-la feliz.* Se ele não estiver tentando, mande-o de volta para o buraco de onde veio, porque conquistá-lo não vai lhe trazer nada de bom. No fim das contas, felicidade, alegria e, sim, sua "estabilidade emocional" são os únicos parâmetros de avaliação de que você realmente precisa.

6

PROCURADO:
Sr. Paga-Tudo

Por que a independência financeira a transforma em uma esposa desejável

Gosto de elogios. Mas prefiro dinheiro.

ANÔNIMO

Ninguém gosta de ser explorado

Existem algumas coisas que um homem que está saindo com você não vai dizer na cara de pau. Em primeiro lugar, não vai falar que tem medo de ficar sem nada depois de um divórcio. Ou que tem pavor de ficar preso a um casamento com uma mulher que o considera seu caixa automático pessoal. Ou que só é avaliado em relação ao que pode fornecer. Para um homem, este é o pior tipo de prisão.

Quando minha editora, Amanda Murray, me perguntou qual deveria ser o subtítulo deste livro, pedi sugestões a alguns homens. Um sujeito, de brincadeira, respondeu: "Devia se chamar *Por que os homens se casam com as mulheres poderosas? – O guia da mulher para a aposentadoria precoce.* Apesar de ser engraçado, resume o maior receio que os homens trazem em seu interior: uma mulher que se case por sua "perspicácia comercial". *Não por amor verdadeiro.*

PRINCÍPIO DE RELACIONAMENTO Nº 51

Durante o namoro, ele estará sempre atento, tentando discernir o seguinte: "Será que ela gosta de mim por quem eu sou? Ou pelo que posso lhe dar?"

Quando um homem leva uma mulher mais segura e independente para jantar, não fica pensando: "Sem mim, ela não poderia vir a um lugar como este." Quando ele a leva para viajar no fim de semana e fala sobre o negócio imobiliário de 1 milhão e seiscentos mil dólares que está fechando, a resposta dela será: "Que bom! Parabéns!" Mas não vai parecer imensamente interessada ou faminta para conseguir um pedaço daquilo para si. Se ele for buscá-la em casa a bordo de um Aston Martin de 350 mil dólares, ela vai entrar no carro e dizer: "Obrigada por vir me buscar. Foi muita consideração de sua parte desviar tanto do caminho para passar aqui." *Isso mostra que ela aprecia o homem, não o carro.* Esta é a mulher que fará com que o homem deixe de lado sua predisposição para o "eu, eu, eu" e comece a pensar em "nós". Por quê? Porque ela *não se deixa impressionar* com coisas fúteis, como ele poderia imaginar. Isso a diferencia do resto.

Sua independência é o que conquistará o coração dele. Ele se casa com a mulher que deixa claro preferir ser buscada em casa com um carro velho caindo aos pedaços a ser tratada com desrespeito. Se ele demonstrar mau comportamento ou não for cavalheiro, precisa saber que você vai chamar um táxi ou pegar um ônibus para voltar para casa. Quando ele sente que você não pode ser "comprada", nesse momento é que vai pensar em casamento.

Quando se trata de casamento, a tendência dos homens é afastar-se de mulheres que conhecem todos os lugares mais caros. Ou de uma mulher que fica citando nomes de pessoas ricas e famosas e que está muito familiarizada com objetos que denotam riqueza. Quando ela diz: "Que Rolex bonito!", ele enxerga um abalo em potencial no horizonte.

Você já viu algum daqueles anúncios em que uma mulher diz que procura um "homem generoso" para "cuidar dela"? O que o homem lê é o seguinte: "Estou me vendendo como um carro velho com a embreagem quebrada." Não importa o que mais o anúncio diga. Ela pode falar a respeito de passeios na praia ao pôr do sol. Mas ele só vai enxergar as tramoias financeiras dela. Eis o que ele vai interpretar ao ler as entrelinhas:

PROCURADO: SR. PAGA-TUDO

Você tem uma casa que pode ficar para mim? Fica feliz em trabalhar como um idiota e entregar todo o dinheiro que ganha? Em caso positivo, tenho um pacote *premium* para você, com três bebês detentores de lucros para eu expandir meu portifólio de aposentadoria. Se você ligar agora, prometo dizer a todas as minhas amigas que o seu é do tamanho do de uma lhama de 150 quilos, mesmo que não passe de um interruptor de luz. Além do mais, posso até me comprometer a agradar os sogros. Sou uma oportunista das boas. Então, apresse-se! Estarei esperando aqui sentadinha...

Um cara que vale a pena não vai pensar: "Oba, onde eu assino?" Lembre-se de que as mulheres poderosas têm total autocontrole. Não ficam pensando só em pôr as mãos no que os outros conquistaram.

PRINCÍPIO DE RELACIONAMENTO Nº 52

Quando um homem percebe que você está concentrada nos próprios sonhos ou em se autoaprimorar, ele se sente mais seguro em casar com você porque não vai ter de se preocupar com o que você quer *tirar dele.*

Os homens, mais do que nunca, ficam felizes com a ideia de que uma mulher que traz contribuição financeira para a relação pode representar uma segurança vantajosa. Ele se casa com a mulher que tem profundidade. Os homens se preocupam com o pagamento de todas as contas e com o que você faria caso lhe faltasse dinheiro.

Os homens têm um medo secreto de ser inadequados e de mostrar suas fraquezas. Têm medo de que, depois de já a terem conquistado, se revelarem menos do que a fantasia de Príncipe Encantado por quem você se apaixonou e de que, assim, você se afaste e caia fora. Pode ter certeza: os homens também sonham encontrar aquela garota especial com quem desejam passar o resto da vida. Mas, nos sonhos masculinos, a parceira é alguém *com quem podem contar.* Por isso, os homens gostam das mulheres poderosas. Elas são mais autênticas, não acreditam em todas as bobagens que eles dizem. É menos provável que uma mulher com esse perfil vá embora quando ele deixar cair o véu.

Os homens não falam sobre essa necessidade de "segurança", porque isso não é considerado másculo. É um tabu. Mas eles também desejam estar seguros. Eis o que se passa pela mente masculina quando considera a possibilidade de se casar com você:

"Será que ela agarraria o próximo ricaço que aparecesse pela frente se eu passasse por dificuldades financeiras?"
*"Ela seria capaz de segurar as pontas em caso de emergência?"**
"Será que ela me largaria por um cara dirigindo um Mercedes novo, com uma casa bem espaçosa?"

**Este aqui é importantíssimo.*

Os homens tendem a abordar o amor como se fosse uma transação comercial. Uma das coisas mais comuns que ouvi nas minhas entrevistas com os homens foi a seguinte pergunta: "O que ela tem a oferecer além de sexo?" É aqui que a característica "ser poderosa" pesa mais uma vez. Em geral, os homens classificam as mulheres mais fracas como risco e as mais fortes como garantia. O mesmo ocorre na faculdade de administração, quando há uma aquisição e os alunos calculam o "valor agregado". Essa reação espontânea se dá mais ou menos assim:

Risco:	**Segurança:**
Uma mulher desesperada para encontrar um homem que lhe salve a vida. Seu único objetivo é: "Preciso de um namorado." "Será a mesma coisa que adotar uma criança, eu vou ter de cuidar dela. Ela precisa de alguém para pagar suas contas."	Uma mulher forte, com objetivos, que não se entrega. Então, ele sente: "Ela realmente me ama por quem eu sou. Não está comigo porque precisa de alguém que lhe dê o que comer nem que cuide dela como um pai."

Como Will Smith disse: "Competência é o que há de mais atraente." Com certa regularidade, os homens dizem a mesma coisa: querem mulheres que saibam tomar conta da situação. Isso os excita mental e sexualmente. Isso dá aos homens algo de que normalmente não necessitariam: sensação de proteção e segurança.

Quando ele conhece uma mulher que pode comprar o próprio café, ela exala uma atitude do tipo "Faça você mesmo" que imediatamente conquista o respeito dele. Os homens se sentem atraídos por mulheres que se vêem como vencedoras.

Peter se lembra das primeiras impressões que teve da mulher, Kim: "Ela nasceu na China e veio para os Estados Unidos sem saber falar inglês. Abriu o próprio negócio e obteve muito sucesso. E isso é impressionante, levando em conta que ela não falava sequer uma palavra de inglês ao chegar." Perguntei a ele se a criação tradicional de Kim a transformara em uma mulher submissa no relacionamento. "Ah, que diabo! Não. Ela não aceita nenhuma besteira minha. Nem por um segundo." Repare no que ele respeita: a força de caráter de Kim. Ela só aceita algo de bandeja quando é oferecido pela *outra* mão dela.

Agora, compare essa situação à de uma mulher que não constrói nada além de um guarda-roupa e que entra em um relacionamento com a sensação de que tem direito a isso. Ela é bonita, mas então começa a falar de sua energia de "deusa", de suas qualidades de "diva". Ou talvez use a palavra *rainha*: "Sou uma rainha. Qualquer homem tem de *adorar* o chão onde piso. E também tem de adorar minha cachorrinha, Princesa." Ela, então, pede o prato mais caro do menu porque "ela vale", e faz pose em cima de uma banqueta alta de bar como se fosse a Rainha Elizabeth posando para uma foto. Tudo isso se volta de imediato contra ela no discurso dele: "Sair comigo não vai valer a pena para você. Como deusa, você merece muito, muito mais. Não posso tratar você do jeito que merece ser tratada, e você sofreria. Acho que precisamos dar um tempo nos encontros."

Um amigo meu chamado Bobby disse: "Às vezes, dá vontade de perguntar às garotas: 'Ei, será que você pode trazer a fatura de seu cartão de crédito da próxima vez que a gente sair? Quero saber qual é *o estilo de vida a que você está acostumada* antes de a relação ficar muito séria. Você gasta demais? Suas contas são três vezes maiores que seus ganhos?"

PRINCÍPIO DE RELACIONAMENTO Nº 53

Os homens não julgam o quanto você tem em dinheiro. Eles observam a *maneira como você administra* o que tem.

Já no primeiro encontro, ele vai ficar imaginando como seria a vida dele se entrasse em seu mundo. Então, começa a reunir os fatos e grava tudo na memória como se fosse uma câmera de vídeo ambulante. Eis o que ele vai registrar:

"Avaliação de risco" do casamento

Coisas nas quais os homens reparam:

- Se você tem uma bolsa de marca de três mil dólares (com uma moeda de cinquenta centavos dentro).
- Se você tem um carro novo todo riscado que mais parece uma unidade móvel de armazenamento.
- Se sua casa é limpa e acolhedora ou bagunçada (ele vai partir do princípio de que é aquilo que vai encontrar em casa todo dia).

- Se você tem uma pilha de contas antigas ao lado do telefone.
- Se estão faltando botões em sua tevê ou em seu som (ele vai ficar achando que você quebra tudo).
- Se seus bichinhos de estimação são bem cuidados.
- Se você está sempre mudando de colegas de apartamento (se ninguém aguenta morar com você, significa que a convivência é difícil).
- Se a eletricidade ou a linha de telefone está cortada (vai partir do princípio de que está adotando uma garotinha que vai exigir cuidados constantes).
- Se você paga a conta do celular com o cheque especial já se aproximando do limite e se cobradores estão batendo à sua porta (você vai estragar o crédito dele).
- Se você tem um armário abarrotado de sapatos e de roupas, e toneladas de maquiagem espalhadas por todo o banheiro (sua aparência é tudo que você tem a oferecer).
- Se você não retorna os vídeos alugados no dia certo, ou se seus cheques sempre são devolvidos.
- Se você tem um bar bem variado, mas não tem comida na geladeira (talvez você seja uma baladeira, algo não muito fácil de aguentar).
- Se você pede dinheiro emprestado, ou se usa a palavra *socorro* e precisa da ajuda de amigos ou familiares para conseguir pagar todas as contas do mês.
- Se você já foi casada e agiu como uma bandida no divórcio (ele vai ficar preocupado de você rapá-lo também).

POR QUE ESSES SINAIS FAVORECEM OU ACABAM COM SEU POTENCIAL PARA O CASAMENTO

Essas são pistas que lhe dizem se você é ou não capaz de construir uma vida a dois. Ele está em busca de sinais de negligência porque quer ver como você trata o patrimônio que ele trabalhará para conseguir. Ele não vai fazer comentários sobre o assunto, chamar sua atenção ou ter alguma espécie de crise a esse respeito. Mas vai guardar tudo na memória e atribuirá *muito* peso à informação quando decidir seguir em frente com o casamento.

A maior parte das mulheres acha que tem de se preocupar com as finanças do homem porque ele é o suposto provedor. Mas hoje, mais do que nunca, os homens também examinam suas finanças. Sim, os ricos também.

Isso mudou devido à grande alta do custo de vida. Nas décadas de 1950, 1960, um Cadillac custava cinco mil dólares, uma casa podia ser comprada por cinquenta mil. Os tempos são outros. Agora, o mesmo Cadillac custa cinquenta mil e uma casa em algumas das áreas metropolitanas dos Estados Unidos com facilidade vai de quinhentos mil a um milhão, ou mais.

Um homem muito bem-sucedido chamado Kenny explicou: "Às mulheres, ensina-se que basta serem bonitinhas e vai aparecer algum homem para cuidar delas. Conheci mulheres que ganhavam pouco e moravam em conjugados. Mas, cada vez que era necessário pagar uma conta, o pagamento era efetuado em dia. Elas viviam com o que tinham. Não se atolavam em dívidas. Também conheci mulheres que tinham muito dinheiro, mas que gastavam com bobagens como cremes de duzentos dólares com proteínas fetais, ou vestidos de quinhentos dólares. Duas semanas depois, a mesma mulher estava chorando porque a luz fora cortada, ou ficava sem gasolina no meio da rua com sua BMW e tinha de ir a pé até o posto com um vestido Chanel. Então, agia como se o mundo todo estivesse contra ela. Esse é o tipo de mulher que vai mandá-lo para a cova mais cedo."

PRINCÍPIO DE RELACIONAMENTO Nº 54

Os homens admiram as mulheres que desejam se aprimorar e crescer pelos próprios méritos; eles têm medo de mulheres que desejam subir na vida apoiadas nas costas de um homem.

Esta geralmente pode ser uma razão para ele cancelar o casamento. Lee e Tracy são um exemplo perfeito disso. Ela era cabeleireira e dividia o apartamento com uma colega, enquanto Lee era um empresário de sucesso. Ela sonhava ter o próprio salão e Lee admirava isso. Depois de nove meses de namoro, ficaram noivos e ele lhe deu uma aliança linda, com um diamante enorme. Ele também disse que pagaria pela festa de casamento. Ela escolheu o salão do refinado Ritz-Carlton, um vestido de dez mil dólares de Vera Wang e fez a lista de casamento na Tiffany's. Todos os convidados passariam a noite no Ritz, com direito a uma massagem (tudo saído do bolso dele). O único ponto de divergência entre eles foi a lista de presentes na Tiffany's, porque os parentes dele, de classe média, não poderiam comprar nada em uma loja tão cara.

Lee lembra: "Eu não conseguia entender como alguém podia pedir de presente uma tigela de ponche de cristal de novecentos dólares. Comecei a me sentir pouco à vontade e passei a questionar a situação em que estava me enfiando. Quando ela largou o emprego, percebi que estava cometendo um erro enorme e rompi o noivado. Não achei que o casamento tinha a ver com aquela coisa de 'grande amor', e que deveríamos estar nos preparando para enfrentar o mundo juntos, nas situações boas e nas ruins. A coisa toda era só uma exibição para as amigas dela. Não era uma vida a dois que ela desejava construir. Ela queria que eu pagasse por um conto de fadas."

Como os homens geralmente não compartilham a fantasia de Cinderela para a festa de casamento, tente pensar em como suas expectativas soam para os homens. Os homens percebem quando a mulher que não tem nada seu de repente começa a mostrar gostos muito caros.

Se você não for autossuficiente (ou se não *trabalhar* para vir a ser), tudo que disser sobre compromisso e casamento será encarado com desconfiança.

Ela pergunta: "O que vamos fazer nas férias?"	**Ele escuta:** "Não posso esperar para conhecer meus novos sogros!"
Ela pergunta: "Você tem casa própria?"	**Ele escuta:** "Quero dar o aviso prévio ao meu senhorio e ir morar com você."
Ela pergunta: "Você pode me emprestar o carro?"	**Ele escuta:** "Posso dirigir *meu* carro novo?"

Ela pergunta: "Você às vezes *pensa* em se casar?"	**Ele escuta:** "Não aguento mais esperar para largar meu emprego."
Ela pergunta: "Quais são suas intenções?"	**Ele escuta:** "Cadê minha aliança?"
Ela pergunta: "Eu me recuso a ficar *perdendo* tempo."	**Ele escuta:** "Já comprei o vestido. Está na hora. Vamos marcar a data."

É isso que deixa os homens frustrados, porque raramente escutam uma mulher dizer: "Não aguento esperar para abrir meu próprio negócio." Ou: "Não aguento esperar para começar o curso de corretagem de imóveis." No caso da maior parte das mulheres, os objetivos são: "Quero estar casada daqui a um ano." Então, ela vai à academia, compra maquiagem, fica toda linda e não entende por que a relação não avança.

Você se lembra daquela cena clássica de *Meu Primo Vinnie?* A personagem de Marisa Tomei pergunta a Vinnie quando vão se casar: "Meu relógio biológico está batendo assim... [*bum, bum, bum*]." No filme foi ótimo, mas, na vida real, esta é a última coisa que ele deseja: uma mulher batendo os pés e que está P da vida por não acreditar que lhe está sendo negado o casamento a que ela acredita ter *direito*. Os homens ficam tão frustrados com isso que têm até frases prontas que usam entre si para descrever a situação.

"Uma mulher com uma missão." A definição é qualquer mulher que deseja se apaixonar por uma linda festa de casamento e que não está nem um pouco preocupada em estar ou não apaixonada pelo noivo.	**"Preenchendo uma vaga."** É como ele se sente quando percebe que o interesse dela pelo casamento não tem nada a ver com ele.

É por isso que você instantaneamente se torna aquela que é "diferente de todas as outras" quando não age como se o casamento fosse seu Santo Graal.

Todo esse aspecto de relógio biológico não tem a ver apenas com bebês. As mulheres são levadas a acreditar que sua vida sexual tem prazo de validade. E elas acreditam nisso. Deixam de se ver como recompensa a partir de certa idade. Quando conversei com homens a respeito da pressão que as mulheres sofrem para estar casadas até certa idade, fiquei surpresa de ouvir a maior parte dizer que isso é mito. Se uma mulher se cuidar, pode ser sexy aos 30, 40, 50 anos e além. Não há "prazo de validade" para casar. De acordo com os homens, o que torna a mulher menos atraente é a insegurança que cerca sua vida sexual, não a falta dela. Em outras palavras, *quando a mulher acha que a única coisa que tem a oferecer é sexo.* Se uma mulher tiver 20 anos, for bonita e tiver a vida toda pela frente, e achar que sua única vantagem é "ter peitos grandes" ou "olha só como minha bunda fica gostosa com este jeans", logo passa a ser tediosa. Se for só isso que ela tem a oferecer, se não for competente, espirituosa e independente, é isso que fará com que ela seja menos desejável.

Sempre que conheço um homem feliz no casamento, faço questão de perguntar o que destaca a mulher dele das outras. Michael me contou a seguinte história: "Quando conheci minha mulher, ela ocupava uma posição de prestígio em uma agência de propaganda. Daí, perdeu o emprego. Então, trabalhou como garçonete até encontrar outra posição. Nunca ficou com aquela atitude tipo 'coitadinha de mim'. Agiu com os pés no chão. As contas tinham de ser pagas, e ela pegou o touro pelos chifres. Ganhou meu respeito porque segurou os golpes da vida. E, então, eu vi que poderia construir uma vida com ela." Ele foi conquistado pela maneira como ela lidou com a adversidade. Foi a personalidade dela que ganhou o coração de Michael. Mesmo quando a situação se mostrava difícil, ela se segurava sozinha.

Isso também afeta a maneira como o marido trata a mulher depois do casamento. Eva tem um casamento feliz e, até recentemente, era o marido quem sustentava a casa. Quando ela queria comprar algo do canal de compras da televisão, pedia ao marido. Às vezes, ele dizia: "Vamos esperar uma semana", algo que se parece muito com o que se diz a uma criança: "Espere até você economizar a mesada e daí eu compro para você." Então, um dia, sem pedir "licença prévia", ela tomou a iniciativa e arrumou um trabalho de meio período. Agora, em vez de perguntar "Posso comprar isto?", ela entra em casa e diz: "Ei, olha só o que comprei." E algo engraçado aconteceu: Eva notou que a paixão do marido subiu às alturas.

Os homens realmente estabelecem maior conexão emocional com uma mulher que sabe ser um pouco autoritária às vezes. A mulher que tem condições de se levantar e ir embora a qualquer momento é a que consegue colocá-lo em xeque. Quando um homem conhece uma mulher competente, que não precisa dele, instantaneamente ele a trata de maneira *diferente* do que trataria uma mulher insegura a respeito do que quer da vida. E é com essa primeira mulher que ele vai se casar.

PRINCÍPIO DE RELACIONAMENTO Nº 55

Ele não quer se casar com uma menininha indefesa de quem vai precisar tomar conta.

A mulher indefesa ou frágil, que não consegue tomar decisões, rapidamente vai fazer com que o homem se desinteresse na cama também.

Mas há uma exceção para cada regra. Uma vez a cada mil anos, vai aparecer um sujeito que deseja uma esposa desamparada, ou uma "menininha" para ficar na cozinha assando biscoitos. Por esse motivo, alguns homens arrumam esposas por reembolso postal. Claro que a decisão drástica deles de se casar com uma estrangeira normalmente decorre de alguma experiência pavorosa (como sair com uma mulher do mesmo país que ele que falasse palavras difíceis demais). Então, ele foge para uma terra distante para conhecer a noiva de seus sonhos. (Logo depois de fazer implante capilar.) E é só alegria, exatamente como foi prometido no...

Catálogo de Mulher por Reembolso Postal

Sua noiva acanhada vem acompanhada dos seguintes momentos de ternura:

Ela não fala uma única palavra na sua língua. Portanto, nunca vai exprimir uma opinião nem discordar. Vai simplesmente lançar-lhe olhares enviesados e usar palavras de efeito em sua língua natal quando você não permitir que ela vá ao baile de formatura.

Se você tiver TV a cabo digital, pode bloquear todos os documentários horrorosos a respeito do "Movimento Feminista" e deixar que ela veja programas mais finos, como os de culinária requintada.

Na hora do casamento, você pode fazer com que ela prometa qualquer coisa, como "obedecer, obedecer e obedecer até que o serviço de imigração nos separe".

Na festa de casamento, vamos servir bolo com passas ao rum para todos os convidados adultos. Já a noiva e suas coleguinhas de escola podem comer um pudinzinho.

Ofereceremos até mesmo um presente sentimental, gratuito, de nossa lista de casamento. Você pode escolher arreios, um balanço ou uma palmatória de couro para a lua de mel em alguma cidade industrial bem feia.

E verdade. Nunca se ouve falar de algum divórcio conturbado com uma noiva por encomenda. Ela fica até conseguir um visto de permanência no país. Depois disso, ela vai ao mercado comprar um litro de leite e ninguém nunca mais tem notícias dela. *Puf!* Ela desaparece no ar como um membro da máfia que entra em um programa de proteção à testemunha.

Obviamente, homens que encomendam noivas se aproveitam da situação econômica dessas mulheres. Mas isso é a exceção, não a regra. Os homens não querem uma mulherzinha indefesa ao lado deles. Se for um homem bastante satisfeito com a vida, vai querer uma parceira que cubra sua retaguarda. Quando vê uma mulher que consegue tomar boas decisões na própria vida, instantaneamente vai se sentir mais próximo dela. "Legal. Pensamos do mesmo modo." Essa é a mulher que ele levará consigo a fim de procurar uma casa para os dois começarem a vida, comprar tapetes e móveis novos. Ela se transforma em bem. Os homens gostam de mulheres que sabem o que querem, que conseguem pensar, especialmente se confiarem nelas. Porque então ele sentirá muito menos pressão quando não estiver a fim de tomar todas as decisões.

PRINCÍPIO DE RELACIONAMENTO Nº 56

Para um homem, as palavras *respeito* e *confiança* são intercambiáveis. Se ele não a respeitar, não confiará em você. E, sem confiança, não permitirá que você se aproxime muito.

Valorização:
Um atalho para o coração dele

Mais do que comida, mais do que sexo: o que faz um homem decidir se quer ou não se casar com você depois de o relacionamento já ter ficado sério é o fato de você conseguir ou não fazer com que ele se sinta apreciado e valorizado. E esse é outro assunto que nunca é abordado nas revistas femininas. A valorização é o caminho para o coração de um homem. Ele se dispõe a ir até o fim do mundo só para ter uma mulher que o faça se sentir reverenciado e adorado. Mary Kay Ash, proprietária da marca de cosméticos Mary Kay, diz: "Há duas coisas que as pessoas desejam mais do que sexo e dinheiro: reconhecimento e elogios."

Às vezes, um cara pode fazer algo para você, como dar um presente, comprar flores, acompanhá-la ao banco, encher o tanque de seu carro. Quando ele faz essas coisas pequenas e você não diz: "Que atencioso! Obrigada", ele vai começar a dar menos. No fim, o que ele lhe oferece se transformará em algo mecânico – com pouco ou nenhum sentimento da parte dele. Os sentimentos dele vão murchar, até ele se desligar emocionalmente de você.

Por isso, os homens ficam trabalhando até tarde da noite e adiam a hora de chegar em casa e encontrar a mulher. Também por essa razão eles param de se esforçar. Nada os desmotiva mais rápido do que sentir que não são valorizados.

PRINCÍPIO DE RELACIONAMENTO Nº 57

Quando ele lhe der algo, sempre reconheça a gentileza por trás do gesto, não o item material em si. Da mesma maneira que as mulheres não se cansam de receber elogios, os homens não se cansam de ser reconhecidos por seus atos.

Danny contou a história de uma mulher que ele convidou para jantares regados a vinho durante vários meses. Em certo fim de semana, ela o convidou para jantar na casa dela como retribuição. Quando chegou à casa da mulher, abriu a geladeira e reparou que lá dentro havia dois itens: mostarda e pão velho. Debra disse: "Eu tinha que ter passado no supermercado. Você se importa se formos fazer compras?" Ele a acompanhou ao mercado e começou a empurrar o carrinho para ela. Ela pegou um segundo carrinho e avisou: "Vamos precisar de dois." Então, começou a enchê-los até a boca. Os carrinhos estavam tão pesados que ela mal conseguiu empurrar o dela para passar no caixa. O total? Perto de duzentos dólares.

Danny disse: "Paguei tudo e ela nem me agradeceu, nem mesmo demonstrou apreciação pelo que fiz. E, para completar, nem preparou um jantar decente para mim. Abriu um pacotão econômico e cozinhou um pedacinho de frango para mim. [E Danny é um sujeito grande.] Os bifões que comprei desapareceram misteriosamente." Quando perguntei se voltou a convidá-la para sair, ele respondeu: "Eu preferiria sair com uma assaltante com máscara de esqui, que apontasse uma arma para mim para me roubar."

Quando entrevistei alguns homens, esta foi uma das principais razões apontadas para explicar por que tinham reservas em relação ao casamento. Se você quiser fazer com que um homem *deixe de ser generoso*, basta dar a impressão de que o que ele acabou de oferecer foi consumido, vaporizado e absorvido sem muita valorização. Esta é a maneira mais rápida de fazer com que ele pare de agradá-la. Como um homem disse: "Seus dias estarão contados."

PRINCÍPIO DE RELACIONAMENTO Nº 58

A palavra preferida do homem é *admiração*. Mais do que tudo, ele quer ser venerado e valorizado pela mulher. Quando ela demonstra admiração, ele se sente motivado a oferecer-lhe o mundo.

Quando você age como alguém que valoriza as atitudes dele – aquilo que ele faz por você, o que lhe dá e assim por diante –, esta é a melhor validação que ele pode obter. Isso explica por que os homens se esquecem de aniversários, datas importantes, Dia das Mães... Mas eles nunca perdem a cerimônia de "técnico do ano do time infantil", só para receber aquele trofeuzinho vagabundo.

Ele não vai entregar o coração dele de bandeja, comprar alianças, pagar por uma festa de casamento e comprar uma casa se você engolir um jantar como se aquilo não fosse nada. Portanto, se quiser que ele lhe dê as estrelas, o sol e a lua (e aquela aliança tão cobiçada), não se esqueça de dizer as palavras mágicas.

Reconheça o que ele fez com bastante ênfase

"Obrigada por ter consertado [*o objeto que ele consertou*]. **Isso me ajudou demais."**

"Naquela noite, quando você me levou a [*qualquer lugar onde ele a tenha levado*], **foi divertidíssimo. Obrigada mais uma vez."**

Então, complete:

"Obrigada, foi muita generosidade de sua parte."

Ou: "Realmente, foi muita consideração sua."

Não existem palavras mais doces aos ouvidos de um homem.

Agora, vamos examinar a situação sob um ponto de vista totalmente oposto: o sujeito que se recusa a dar. Ao mesmo tempo em que você deve reconhecer a gentileza e a generosidade dele, não seja tolerante com um cara que é mão de vaca. Cuidado com os homens que sofrem da doença conhecida como "mão-fechadite". Isso revela falta de interesse em qualquer relacionamento de longo prazo.

Por exemplo, Samantha saiu com um sujeito que tinha muito dinheiro. Vamos chamá-lo de Pãozinho (porque ele era mesmo um pão-duro de marca maior). Antes do jantar, ele a levou até um caixa eletrônico, a caminho do restaurante, e fez com que ela esperasse no carro enquanto sacava apenas vinte dólares. Depois de voltar para o carro, colocou a nota no painel, para que ela soubesse: "Não vou gastar mais do que isso." Então ele a levou a um buraco qualquer e sugeriu que dividissem um prato. A refeição toda não ultrapassou os vinte dólares, incluindo a gorjeta, e deu para ver que foi doloroso para ele gastar aquela quantia. Ele praticamente precisava de uma lubrificada nas dobradiças da carteira para conseguir abri-la.

Este é o tipo de encontro que você vai querer abreviar. Faça as contas. Os vinte dólares devem ter durado uns 45 minutos. Isso significa um dólar para cada dois minutos, mais cinco minutos de cortesia para a conversa tipo "Apenas amigos". ("Apenas amigos" é o código para "nada de sexo".) Se ele não aceitar a situação muito bem, gaste mais dois minutos para consolá-lo e, então, suma.

PRINCÍPIO DE RELACIONAMENTO Nº 59

O homem não vai pensar em quanto está gastando com você se acreditar que você pode ser "a mulher certa para ele". No início, ele ficará *feliz* em pagar a conta.

Uma comissária de bordo que conheci me contou que foi com um cara ao cinema. Eles se encontraram lá, pois era a primeira vez que saíam. Na bilheteria, ele tirou da carteira um cupom do tipo "compre uma entrada, ganhe outra", então ela entrou de graça. Não jantaram, porque "ele não estava com fome". Ela estava faminta, então foram até o balcão de guloseimas do cinema e ela disse que queria um cachorro-quente. O cara lhe disse: "Vamos reservar os assentos primeiro, depois pegamos a comida." Escolheram as poltronas e ele se sentou. Então, ela se levantou e informou: "Vou pegar um cachorro-quente. Você quer alguma coisa?" Ele respondeu: "Certo. Quero uma Coca grande. Espera..." Quando ele abriu a carteira, ela achou que ele pegaria uma nota de vinte dólares. Em vez disso, pegou um cupom que dizia: UMA COCA-COLA GRANDE GRÁTIS, e entregou a ela.

Não que isso seja necessariamente ruim. É uma maravilha ter amigos platônicos para acompanhá-la ao cinema, principalmente se forem gays. (Pelo menos assim você irá conseguir umas boas dicas sobre roupa e maquiagem.)

Uma amiga minha chamada Chloe foi convidada no primeiro encontro para ir a um jogo de beisebol com um cara chamado Joe. Depois do jogo, quando estavam voltando para casa no carro dele, Joe pediu que ela o reembolsasse pelo ingresso. Ela informou que não tinha dinheiro ali, então ele disse que ela podia dar um cheque. "Seu ingresso custou trinta dólares. Então, me dê quarenta para cobrir a gasolina. Eu pago os cachorros-quentes e as batatinhas." Ela explicou: "Humm, você me convidou, então eu não trouxe dinheiro." Ele disse: "Ah, tá. Sem problema. Então, você me paga na semana que vem."

Na semana seguinte, Joe ligou e deixou o endereço dele na caixa de mensagens dela. Ela retornou a ligação e disse: "Estou enviando um cheque. Mas vou deduzir do total R$1,42 desta ligação, 39 centavos do selo de postagem, mais 25 centavos pelo envelope. Como você é muito pão-duro, não vou cobrar a tinta. Mas só se você prometer nunca mais ligar para cá."

PRINCÍPIO DE RELACIONAMENTO Nº 60

Um homem financeiramente confortável mas mão de vaca, não está disposto a dar – *nada*. Não deseja lidar com a inconveniência de perder tempo, de compartilhar uma gaveta – muito menos uma casa inteira e uma vida juntos.

Afinal de contas, estar junto é compartilhar a vida com a parceira. Um homem que acredita ter encontrado sua alma gêmea não vai ficar assim tão obcecado com o quanto gasta, desde que ache que você não está se aproveitando dele. Se ele gostar de você, só estará interessado em conquistar sua afeição. Como um homem explicou: "Quando o cara tem condições de ser generoso, é algo muito bom poder levar para sair uma mulher por quem está apaixonado."

Cupons, pedidos de reembolso, divisão de pratos ou relutância grave em pagar a conta – essas atitudes não devem passar batido, porque ele está demonstrando que não leva a relação muito a sério. Como um homem explicou: "É impossível um cara estar completamente apaixonado por você e ao mesmo tempo ser totalmente pão-duro." E se ele simplesmente for um canalha mão de vaca? Aí, você não vai querer mesmo ficar com ele. Imagine como serão os votos de casamento dele: "Prometo amá-la e honrá-la... na saúde e na doença... até que a morte nos separe... a menos que eu tenha de gastar vinte dólares – aí, estou fora!"

Brincando de casinha

Vanessa conheceu Jean Mark e os dois viveram um namoro arrasador. Três meses depois, ele declarou seu amor, comprou uma aliança para ela e eles resolveram morar juntos. Ela vendeu o apartamento que tinha, largou o emprego e se mudou para a casa dele, a uma hora de distância do lugar em que ela morava. Pouco depois, começou a notar mudanças. Antes ele era respeitoso, mas, aos poucos, começou a demonstrar desdém por ela. Nove meses depois, ela saiu da casa dele. Pergunta: o que há de errado nesta situação? Resposta: tudo.

Primeiro, a questão do momento oportuno. Nunca é aconselhável mudar-se para o território de um homem depois de apenas alguns meses de relacionamento. É cedo demais. Além do mais, se você vai morar na casa dele, é pouco provável que seu "cafofo de solteiro" seja adequado para duas pessoas. Por causa disso, é bem provável que você nunca chegue a sentir que aquela também é a *sua* casa. Sempre vai parecer que você foi dormir na casa de alguém, e que a experiência não foi lá muito bem-sucedida. Se você tentar modificar a casa dele para que fique mais adequada, ele vai começar a sentir que está abrindo mão demais do espaço *dele*. E você vai ter de abrir mão de muita coisa que a deixa confortável em sua própria casa. De todo modo, a situação não é boa.

PRINCÍPIO DE RELACIONAMENTO Nº 61

Quando você se muda para a casa de alguém, não está abrindo mão apenas de seu espaço pessoal e de seus pertences. O mais importante é que, quase sempre, você também perde a *sensação de independência.*

Quando você leva dois gatinhos filhotes juntos para casa, eles se dão bem. Mas, se você introduzir um gato no território de outro, o dono do pedaço vai dominar o outro gatinho a partir de então. Por isso as mulheres se sentem deslocadas quando vão morar na casa do homem. É uma questão territorial.

Portanto, ou você faz com que ele se mude para a sua casa (se houver espaço suficiente), ou, ainda melhor, vocês providenciam um lugar que seja novo para ambos. Esta é a melhor opção, porque, assim, será possível negociar tudo de que você precisa. Um armário só para você... um banheiro só para você... e tudo mais que a deixe feliz. E recomendo mesmo que comprem uma cama *king size*. Não por sua causa. Por causa *dele*. Este é um gesto de consideração e amor. Vai impedir que você o estrangule acidentalmente durante o sono porque ele toma conta da cama inteira e só deixa um espaço reduzido em que precisa ficar com o braço pendurado. Ouça bem: *king size*.

Partamos do princípio de que ele tenha uma casa enorme, com uma cama gigantesca, e você se mude para lá. E digamos que ele seja multimilionário, com dinheiro para esbanjar, e você acabe largando seu emprego. A certa altura, vocês ainda correm o risco de ter uma discussão e ele dizer: "Onde você acha que estaria sem mim? Olhe ao redor. Fui eu quem deu *tudo isso aqui* para você." É exatamente uma situação desse tipo que você deseja evitar. Então, a melhor coisa a fazer é mudar-se para uma casa nova, que *vocês dois escolham* juntos. Além disso, conserve sua independência. Continue trabalhando. Não negligencie seus amigos. E, definitivamente, continue com sua conta bancária e seus cartões de crédito. Isso vai lhe dar a vantagem de ser tratada como deseja: com igualdade e justiça para todos.

E não se esqueça:

PRINCÍPIO DE RELACIONAMENTO Nº 62

Se o casamento for extremamente importante para você e se já estiver pronta para marcar a data da cerimônia, não vá morar com ele se ainda não estiver com a aliança no dedo e o dia marcado.

Se ele já estiver "brincando de casinha", não terá motivos para acelerar o processo e tomar o próximo passo.

Casamentos por obrigação

Este capítulo não estaria completo sem uma discussão final a respeito da gravidez e de sua relação com o casamento. Acontece o tempo todo – e ninguém gosta de abordar esse assunto. Sim, nós vamos tocar na questão.

Malena estava saindo com um oncologista de sucesso havia seis meses. Nesse período, ele a tratou bem, mas deixou bem claro que não queria ter filhos logo de cara. Seis meses se passaram e ele não a pediu em casamento. Malena foi ficando cada vez mais impaciente e engravidou "por acidente". Algum tempo mais tarde, ela admitiu que parou de tomar pílula porque o remédio a deixava tonta (isso sem mencionar que já era tarde demais). Ele fez de tudo para tentar convencê-la a não ter o filho. No final, tiveram uma menina e ele se revelou um ótimo pai. Só houve um probleminha: ele não quis mais nada com ela. E Malena ficou passada. Achou que teria um chofer para levá-la às compras o dia todo (com o bebê em uma limusine especial).

Ter um bebê é uma das maiores responsabilidades da vida e você nunca deve engravidar de propósito de alguém que *disse com todas as letras* que não quer ser pai. Simplesmente é impossível ter uma relação baseada em respeito mútuo e ao mesmo tempo anular o direito do homem de fazer uma escolha assim tão importante. A razão pela qual isso se volta contra você tem a ver com a "atitude de direito" que os homens repetidamente disseram ser um balde de água fria – seja em relação a um bom jantar, a morar juntos ou a se casar e ter filhos. Depois que Malena soltou a bomba, transformou-se na mulher mais repulsiva do mundo.

O pai do bebê explicou por que aquilo acabou com as chances dela de casamento. É maravilhoso transar, certo? Mas e se um homem a forçasse a fazer sexo com ele contra a sua vontade? A coisa toda deixaria de ser maravilhosa. É assim que um homem se sente em relação a uma gravidez indesejada que ele desconfia ser deliberada. Se ela lhe prepara uma armadilha, pode ser que ele ame a criança. Mas só vai nutrir ressentimento em relação à mulher toda vez que olhar para ela. A essa altura, ela se torna um ser assustador. Isso quer dizer que há algo de muito perigoso nela, e que ela é capaz de fazer qualquer coisa. Esta é a mulher que vai para a cama com seu melhor amigo e vai ficar achando que não é nada demais. Uma vez que a mulher rompe certos limites, as probabilidades de ele se casar com ela, ou mesmo de continuarem saindo, são de baixíssimas a nulas.

Os homens respeitam mulheres determinadas. Por quê? Porque não agem assim apenas quando é conveniente. Elas são sempre seguras, têm princípios, vivem de acordo com os próprios valores. Uma parte da equação consiste em defender seus ideais; a outra, em mostrar-se positiva.

Já ouvi muitos homens contando histórias a respeito de ficar noivo. E, às vezes, em uma discussão mais acalorada, alguns pedem a aliança de volta. Em um exemplo, a noiva respondeu que não faria isso e disse ter perdido o anel (por coincidência, naquele mesmo dia). No dia seguinte, um amigo comum a ambos lhe contou em segredo que ela o havia empenhado. Depois disso, a relação só fez ir e voltar.

Ela ainda queria se casar e, durante seis meses, ficaram "transando para fazer as pazes". Mas ele se recusou a assumir compromisso porque não conseguiu superar seu ressentimento relativos à aliança. A maioria dos homens pensa assim: se você parecer uma pessoa honrada e devolver a aliança, ele vai dizer que não quer mais. Seu orgulho não vai permitir que a aceite de volta. Mas, se você ficar achando que tem direito àquilo ou passar a impressão de que está se aproveitando dele, ele vai querer, sim, retomar o anel.

Se um homem tiver qualquer tipo de substância e não for raso como uma poça, contará com princípios morais. O que conquista o respeito dele é a *decência*. Sempre que conversei com homens a respeito do que procuravam em uma esposa, nunca ouvi algo como: "Ela tem que saber cozinhar bem", ou "Ela tem que usar lingerie da Victoria's Secret toda noite". Em vez disso, o que ouvi, reiteradas vezes, foi: "Quero alguém em quem eu possa confiar e com quem possa contar."

PRINCÍPIO DE RELACIONAMENTO Nº 63

O que mais motiva um homem é saber que a mulher por quem está apaixonado é alguém com quem ele poderá contar, que *realmente* lhe dará apoio.

7

INVADINDO O *Clube do Bolinha*

Segredos roubados – todas as informações altamente sigilosas que os homens só compartilham com outros homens

Um bom casamento depende da habilidade do marido em dar um passo atrás e reconhecer no que a mulher dele errou.

ARCHIE BUNKER

Segredos altamente sigilosos de minhas fontes infiltradas

Prepare-se. Este capítulo vai lhe dar um raro vislumbre da mente de alguns dos homens que eu entrevistei. Como você poderá testemunhar, minhas técnicas de obtenção de informações deixariam até Dirty Harry no chinelo. Boa parte de meu treinamento científico foi adquirido em ambiente muito controlado. Começava com um refrigerante diet, uma tigela grande de pipoca e a televisão ligada em episódios de *Diário da natureza*, no canal Animal Planet.

Neste capítulo, você vai ouvir o tagarelar da espécie masculina vindo do fundo das trincheiras da selva dos encontros amorosos. Para gravar a fala dos primatas, fiz como os zoólogos: aproximei-me das criaturas com uma atitude nada ameaçadora. Também aprendi a não me aproximar durante as refeições, com medo de que rosnassem e se escondessem em seu habitat para hibernar pelo resto do inverno.

Também fico feliz em informar que meus interrogatórios não exigiram nenhum tipo de tortura, como o uso de luzes ofuscantes, privação de sono, choques elétricos ou exibições de antigos episódios de *Os pioneiros*. Eles também não foram obrigados a assistir a *Ghost – Do outro lado da vida*, com repetições da cena em que Demi Moore fica chorando em cima do vaso de cerâmica. Não usei absolutamente nenhum método de coerção. E nunca recorri à ameaça mais apavorante de todas: tirar as pilhas do controle remoto.

Nós, aqui no QG das Mulheres Poderosas, não acreditamos em testes com animais. Portanto, nenhum homem foi prejudicado *fisicamente*. (Não posso fazer comentários a respeito de seu estado mental atual.)

Agora, apresento meu primeiro entrevistado. O nome dele é Timmy. Ele tem nove anos.

Sherry: Quantos anos você tem, Timmy?
Timmy: Tenho nove.
Sherry: Posso fazer uma entrevista com você? Estou escrevendo um livro.
Timmy: Eu também vou escrever um livro.
Sherry: Qual é o título?
Timmy: *Por que as meninas são burras.*
Sherry: Ouvi dizer que você tem namorada. É verdade?
Timmy: É. O nome dela é Sandy. E eu sei que ela gosta de mim.
Sherry: Como é que você sabe?
Timmy: Porque ela é legal com todos os meninos... mas *é a maior chata comigo.*

Timmy foi o mais jovem entre meus entrevistados. À medida que os homens vão ficando mais velhos, levantam a guarda em relação ao que desejam divulgar às parceiras. Sentem que se eles se entregarem o tempo todo, vão perder o controle sobre o relacionamento. Afinal de contas, certos assuntos sensíveis não são adequados para uma discussão na hora do jantar.

A maior parte dos homens se mostrou bem aberta, mas outros se sentiram menos à vontade ao revelar seus segredos. Descobri que os caras que "eram bons para casar" estavam bem mais dispostos a falar a respeito dos truques que muitos de seus amigos usam com as mulheres. Percebi que funciona um pouquinho como desrespeitar leis. (Quando você faz algo ilegal, não vai querer sair por aí contando a todo mundo.) Isso confirmou o que eu já sabia: os homens têm um código secreto em relação a compromisso, casamento e funcionamento interno dos relacionamentos.

Fiz um apanhado de algumas das confissões mais verdadeiras neste capítulo, sem lhes alterar o sentido. Os homens entrevistados pertenciam a todas as camadas sociais, todas as nacionalidades e todas as idades. Alguns eram casados; outros, solteiros. E, à exceção de Timmy, de 9 anos, preferi não divulgar seus nomes e identidades (para proteger os não tão inocentes assim).

Pergunta 1:
Os homens enganam as mulheres, fingindo querer noivado e casamento, para obter certos "benefícios" sexuais?

1. "Com toda a certeza. Essa afirmação é MIL POR CENTO correta."

2. "Todos os caras sabem que a namorada vai responder melhor sexualmente e demonstrar mais compreensão se for levada

a acreditar que o relacionamento tem 'potencial de longo prazo'. Basta usar as palavras de efeito certas, como *nós* ou *nosso futuro* ou *quem sabe algum dia*. Os homens usam esse tipo de atitude rotineiramente, para tirar vantagem. 'Aposto que consigo convencê-la a fazer X se disser que estou pensando em me casar com ela. *Algum dia*."

3. "Se um homem estiver saindo com uma mulher, ela normalmente dá a entender o que deseja ouvir. Ela projeta nele o que precisa escutar, e ele diz exatamente isso. Ela faz a cama e ele se deita. Vai levar um ano até que ela comece a se decepcionar por não ver progresso algum. Ele se recusa a morar junto, não quer lhe dar as chaves de casa nem deixa que você fique sozinha na casa dele e não lhe põe uma aliança no dedo. É aí que a mulher começa a perceber que o relacionamento bateu no teto."

4. "A mulher acha que está sendo sorrateira, mas, quando tenta me arrastar para um casamento sábado sim, sábado não, não é nem um pouco sutil. Quando ela começa a colocar fotos dos dois em todo lugar, também é muito óbvio. Deixe que ele pendure a foto na parede; caso contrário, vai achar que aquilo é uma velha indireta."

5. "Os homens são traiçoeiros. Se têm uma casa grande em um bairro legal, geralmente vão usá-la como isca. Ele pode pedir que você ajude a escolher a tinta para o 'quarto do bebê'. Para quando vocês tiverem um filho juntos *algum dia*. E se azulzinho não funcionar, o cômodo sempre pode ser transformado em uma bela sala de jogos. Ou ele vai pedir que você o ajude a escolher a mobília.

Se você disser a uma mulher que acabou de comprar uma casa e gostaria que ela ajudasse a decorá-la, ela praticamente vai se algemar a você. E ao pé de sua cama."

6. "Os homens têm relacionamentos com mulheres que moram em outros estados. E as mulheres sempre ficam achando que isso vai levar a algo mais. Não vai. O cara desce do avião, transa o fim de semana inteiro e daí volta para casa. Você pode justificar o vaivém porque mora em outra cidade. Há uma desculpa embutida. Os homens chamam isso de *rapidinha de longa distância*."

7. "Os homens são sorrateiros. Temos um amigo que disse para a namorada: 'Eu só me casaria com uma mulher que me acordasse todo dia com uma chupada.' A coitada passou três anos se acabando toda manhã, e ele nunca pediu a mão dela em casamento."

8. "O que o homem faz é dizer à mulher que ela é inteligente, engraçada, sofisticada e que está interessado na maneira como ela pensa e em sua alma (quando ela tira a calcinha fio dental). Essencialmente, o objetivo é fazer com que ela fique achando que você não a vê como objeto sexual. Daí, ela pensa: 'Finalmente, um homem que me vê como algo mais do que um objeto!', e manda ver com você. Os homens fazem isso o tempo todo. O objetivo é fazer com que ela não saiba o que você realmente quer."

9. "Os homens agem como o amante perfeito. Você diz algo como: 'Nunca traí ninguém. Não sou mais garoto. Meus dias de ficar com um monte de meninas já passaram. Estou em busca

de algo *de verdade*. Agora estou mais calmo e quero encontrar A Mulher Certa Para Mim. Eu me sinto diferente com você. Sinto que posso contar a você segredos que nunca contei a ninguém.' Quando um cara ataca assim com tanta força, tome cuidado. Normalmente, a verdade é justamente o contrário. E, se o discurso for benfeito, é provável que ele já o tenha proferido muitas vezes antes."

10. "Alguns caras ligam muitas vezes, ou parecem interessados em conversas tediosas. Eu já caí no sono no meio de um telefonema, acordei e disse: 'É mesmo? E daí, o que aconteceu?' E, quando o cara não está ouvindo com atenção, isso é sinal de que não está interessado em você. Só está adotando uma tática para conseguir tirar sua roupa."

Há duas coisas a serem concluídas de tudo isso. Primeiro: se o cara errado perceber bem o que você deseja (casamento, compromisso ou bens materiais), vai usar a informação para manipulá-la. Preste muita atenção ao cara que disse: "É como dar ao homem um manual sobre como manipulá-la. Ele só precisa dizer o que você deseja escutar, e você vai levar uns dois anos para descobrir o plano dele."

Um homem casado chamado Gene explicou: "Quando uma mulher diz: 'Se você quiser namorar comigo, vai ter que me pedir em casamento até o fim do ano', é praticamente o mesmo que dizer: 'Eu só queria sair hoje porque não estava a fim de ficar em casa.' Em outras palavras, a única coisa que ele perdeu foi uma reprise de *Seinfeld*. Instantaneamente, você recua quando *não é a razão* pela qual ele está ali."

PRINCÍPIO DE RELACIONAMENTO Nº 64

Estabeleça seu próprio ritmo e seus próprios limites. Se estiver na hora de cair fora, vá embora. Até lá, não deixe que ele saiba o que você quer que aconteça nem que atitudes dele a fariam partir. Então, fique de olhos bem abertos e observe como ele gerencia seus 50% da relação. Assim, você conseguirá o que quer bem mais rápido.

Pergunta 2:
Quais são as características de uma mulher confiante (ou melhor, poderosa) em contraposição a uma cheia de inseguranças?

1. "A pior coisa que uma mulher pode fazer é sair com o cara todas as noites da semana. É assim que ela se torna a garota divertida na 'lista de reserva' dele. O que acontece é que o sujeito vai começar a chegar às 21h e sair às 22h30. Se ele tiver acesso ao que deseja na hora que bem entender, não vai precisar erguer nem um dedo para fazer com que a relação continue."

2. "Os homens são competitivos. Quando ele compra um carro de série limitada, sente que tem algo especial. Os homens que participam de rachas geralmente entram na disputa porque querem vencer, conquistar e ficar com o carro perdedor. Essa lógica também se aplica às mulheres. Se uma mulher é fácil, não vai despertar nele seu lado competitivo. Quando ela deixa de exprimir sua opinião e começa a concordar com tudo que ele diz, normalmente é aí que ele começa a se entediar."

3. "A mulher nunca deve ir atrás dele nem procurá-lo em três lugares diferentes se ele disser que *talvez* saísse para tomar uma cerveja. Se ele disser: 'Vou estar na Cheesecake Factory ou em algum bar da rua 26, não tente encontrá-lo. Se você quiser ser a namorada 'fixa' dele, deixe que ele a procure."

4. "Minha noiva foi a primeira mulher que me colocou no meu lugar. Ela sempre me lembra: 'Ei, ninguém está forçando você a ficar aqui.' Quando tento escapar de alguma situação falando um monte de bobagens, ela diz: 'Pode economizar seu tempo e sua energia. Não me venha com todas essas bobagens, porque não vou cair na sua.' Eu sei que, se ela me pegasse a traindo, iria me bater na cabeça com uma frigideira. E eu a respeito mais do que qualquer outra mulher que já conheci."

5. "Se ele puder resumi-la em uma frase, é porque está entediado."

6. "Segurança é quando você não tenta interpretar nem pensar demais a respeito de tudo que observa em voz alta. Isso impede que a relação progrida em seu curso normal. Por exemplo, toda vez que eu dava flores a uma mulher específica, ela me lembrava de que o ex dela havia deixado de lhe levar enviar. O que ela queria perguntar, na verdade, é se eu continuaria a agir assim no fu-

turo. Isso me fez sentir que ela, na verdade, não estava gostando das flores nem apreciava o momento presente comigo."

7. "A mulher não deve dizer: 'Você nunca me liga' ou 'Você nunca diz que me ama'. Como mulher, sua maior vantagem é ser imprevisível. Ele nunca deve ser capaz de compreendê-la totalmente. Se ele sempre puder prever o que você vai fazer em seguida, estará perdido como parceiro de longo prazo. *Ele vai procurar outra pessoa, que não possa entender nem controlar.*"

8. "Se ela tem uma opinião forte a respeito de algo, significa que tem determinação. Esta é a mulher que ele respeita. Não é um biscoito de água e sal que se desmancha à menor pressão."

9. "Você deve deixar transparecer que não está se entregando completamente. 'Aqui estou eu. Pode levar.' Os homens gostam de ter de adivinhar, de pensar a respeito das coisas. Quando um cara escolhe um filme, quer ficar absorto desde o início. Se alguém não perder um membro, não levar um tiro ou alguma coisa não explodir nos primeiros vinte minutos, ele vai achar que não valeu a pena gastar o dinheiro do ingresso."

10. "A mulher não deve nem fazer piada com casamento. Eu estava só no segundo encontro com uma moça, e nós dois éramos da Irlanda. Em meu país, temos um ditado: 'Se você me beijar, vai ter que se casar comigo.' Se você tiver vontade de se casar, nunca permita que o homem saiba disso logo de cara. Se você permitir, é o mesmo que lhe entregar um manual e dizer exatamente como pendurar uma cenoura à sua frente e brincar com suas fraquezas."

Pergunta 3:
Quais são os sinais para que uma mulher saiba que está perdendo tempo?

1. "Quando tiver aquela sensação irritante de que está sempre em segundo plano. Se ele fecha portas, diz coisas como: 'Preciso ir andando' ou 'A gente se fala mais tarde', isso significa: 'Ligo quando chegar a sua vez.' E não ouça a bobagem 'Fiquei com saudade', dita por ele quando está a fim de transar. Ele não vai sumir por uma semana inteira se estiver a fim de ficar com você."

2. "Se vocês se encontrarem durante uma hora por semana, o relacionamento será descompromissado. Se você não for ao cinema com ele, não conhecer os amigos dele, não sair para jantar com ele e ele disser: 'Realmente, não sou um cara de ligar' quando não ligar... as coisas estão bem claras. Com uma mulher de quem ele realmente goste, o contato será constante. Um homem raramente desmarca encontros com uma mulher por quem esteja apaixonado."

3. "Muitos homens dizem que estão ocupados demais com o trabalho. O trabalho nunca interfere quando ele realmente quer estar com alguém na vida pessoal. Se um homem quiser mesmo se encontrar com uma mulher, o tempo livre vai aparecer num passe de mágica."

4. "Se um homem estiver mesmo ocupado, vai dizer exatamente quando ligará. 'Estou preso agora, mas ligo de volta em X.' E daí ele especifica um dia e horário. Mas, se ele disser 'Ligo para você', sem especificar quando, é sinal de desrespeito. Se ele estiver viajando, a mesma regra se aplica. Se ele não conseguir falar com você, vai assinalar um dia em que não poderá ser contatado. Nunca será uma semana inteira."

5. "Quando você começa a escutar que acabou a bateria do celular ou que ele não está ouvindo direito, ou que esqueceu o celular no carro ou no escritório, é porque não está sendo honesto com você."

6. "Se vocês estiverem juntos há mais de dois anos e ele não lhe der uma chave do apartamento dele, se você ainda não conheceu ninguém da família dele e ele não falar sobre casamento ou morarem juntos, a coisa não está progredindo porque ele não quer."

7. "Muitos homens colocam as mulheres em uma 'lista de reserva'. Se ele sabe que você sempre vai estar lá, vai pensar: 'Eu sei que ela me quer, então vou colocá-la na lista de reserva para ver quem mais está por aí.' Por esse motivo, você nunca deve se mostrar disponível demais, ou permitir que o sujeito fique *à vontade demais*. Ele precisa ficar preocupado com o fato de que você não vai estar sempre lá."

8. "Se um homem disser: 'Vamos deixar as coisas como estão', está dizendo, basicamente, que não vê casamento no horizonte."

9. "Quando a relação está baseada em conforto e coisas conhecidas desde o início, não haverá esforço algum. A partir das pequenas coisas que um homem faz e das atitudes que toma perto de

uma mulher, dá para ver quais são suas intenções. Ele a acompanha até o carro? Ele desvia do caminho para levá-la em casa? Só para na frente da casa dela e buzina? E não vá até a casa dele tarde da noite. Isso é algo que só uma boba faz."

10. "Muitos homens ficam passando de carro na frente de joalherias, com a promessa que nunca se realiza de comprar uma aliança. Ou olham para uma revista de noivas e dizem: 'Você seria uma noiva muito mais bonita do que ela.' Então, alegam que precisam de uma promoção ou de um aumento antes de pensar no assunto."

PRINCÍPIO DE RELACIONAMENTO Nº 65

Um cara que acha realmente que você pode ser "a mulher certa" falará muito pouco de casamento. Será bem mais reservado e só se abrirá muito lentamente, ao longo de vários meses, porque não quer assustá-la e fazer com que vá embora.

Se ele disser coisas como: "Casamento é antiquado demais. Não passa de um pedaço de papel. Realmente, não é necessário. Tenho amigos que têm filhos e nunca se casaram. Quem precisa de casamento?", mantenha-o como amigo para ir ao cinema e não se feche às opções.

Pergunta 4:
Quais são os segredos que os homens guardam em relação ao sexo?

1. "Não acredite em tudo que um homem lhe diz, principalmente na cama. Um cara que conheço disse para uma garota, enquanto estavam transando: 'Sempre imagino como deve ser o sexo depois do casamento. Ah, querida! Fazer amor com minha futura esposa é assim. Você é meu sonho. Você é minha sombra. Veja só o que você faz comigo.' Foi a coisa mais nojenta que já ouvi na vida. Nenhum cara diz a uma mulher que a ama e quer se casar com ela pela primeira vez na cama. Se uma mulher ouvir: 'Acho que amo você' pela primeira vez em uma sessão de rala e rola, deve acabar com o sexo ali mesmo. Isso quer dizer que está na cama com um trapaceiro completo."

2. "A razão por que os homens assistem a programas como *Sex and the City* e *Desperate Housewives* é conhecer melhor as mulheres. A preocupação deles é a seguinte: 'Será que minha namorada na verdade é assim?' É assustador para os homens ver como as mulheres são fixadas nesses programas. Queremos acreditar que elas são inocentes demais para ficarem fascinadas por algo assim tão decadente."

3. "Nunca discuta seu passado ou sua ausência de passado sexual. O homem não quer pensar a respeito de outro homem em cima de você, dando tudo de si. Sempre que alguém tentar nos convencer de que é uma 'boa moça', há 90% de chance de que a verdade seja o oposto, então qualquer coisa que você diga fará com que pareça cul-

pada. Ele vai pensar que você pegou o time inteiro de futebol na escola e que, na formatura, foram eles que tiraram o seu uniforme."

4. "Se uma mulher der uma chupada fantástica na primeira vez que vocês ficarem juntos e o fizer sem nenhum tipo de esforço, ele vai pensar: 'Onde diabos ela aprendeu a fazer isso?' Se você parecer uma profissional, pode ser uma vagabunda."

5. "Se você for para a cama com ele logo de cara, ele provavelmente não vai ficar muito tempo com você. Quando você fica com alguém só por uma noite, lá no fundo, *está fazendo algo de que não se orgulha*. Você sabe que as coisas não devem ser assim."

6. "Os homens não dizem às mulheres que metade do que veem em filmes pornográficos é um tanto boba e exagerada. Se a mulher ficar gritando: 'Manda ver, garanhão' na cama, ele imediatamente vai achar que o passado dela é problemático."

7. Muitas mulheres acham que conversa de travesseiro é sinônimo de confissões embaladas em autocomiseração. Depois de transar, a gente não quer saber o que as mulheres não gostam no próprio corpo nem ter de fazer com que se sintam seguras. Uma garota me disse: 'Eu queria que minhas pernas fossem mais compridas do joelho à canela. E detesto meu quadril porque é largo demais.' Isso revela ao cara que ela tem baixa autoestima e que é fácil tirar vantagem dela."

8. "Às vezes, o sujeito liga tarde da noite para tentar transar com uma mulher. Na hora, ele pode até ficar P da vida se ela não

disser: 'Claro, venha para cá.' Mas, no dia seguinte, ficará mais interessado nela, porque verá que ela não é boba. Ela faz com que ele seja um sujeito honesto e não faz todas as vontades dele."

9. "Quando um cara está na cama com uma mulher, se ele estiver mesmo ligado e não quiser gozar ainda, vai pensar em coisas como esportes, estar no vestiário com um monte de sujeitos suados depois de uma partida de futebol, a estante que ele precisa consertar e a pia com vazamento no andar de baixo... qualquer coisa que leve sua mente para longe do momento. Ele não quer ganhar o título de 'homem dos cinco minutos'."

10. "Não entendo qual é a graça das roupas de menininha. Se uma mulher faz trancinha aos 35 anos e tem um cachorrinho chamado Binky com suéter cor-de-rosa e uma jaquetinha combinando com a coleira de *strass*, não me excita em nada. Se um cara gosta de baixaria com garotinhas, não deve ser deixado sem supervisão na companhia de crianças."

Muitos homens reconheceram que, apesar de a parte da "gratificação instantânea" de transar no primeiro encontro, quando querem mesmo ter uma relação duradoura, preferem esperar. Eles realmente querem encontrar aquela mulher perfeita, alguém de quem possam se orgulhar de verdade. Se ele conseguir ir para a cama com você no primeiro encontro, não vai considerá-la "a mulher certa". Além do mais, quando ele lhe diz coisas que *acha* que você deseja ouvir, e você parece não se impressionar nem um pouco nem dar a mínima atenção, ele normalmente começa a querer ficar com você com atitude mais honesta.

Pergunta 5:
Por que os homens vivem testando as mulheres? Eles fazem isso de propósito?

1. "Sim, é uma atitude consciente. A razão por que os homens testam as mulheres é acreditar que, se você vai passar a vida inteira com alguém, realmente precisa ver quem ela é por todos os ângulos. Você quer saber se ela é louca de pedra ou se será compatível com você."

2. "A maior parte dos homens considera as mulheres emotivas demais. É por isso que ele lhe faz um relato geral a respeito de todas as suas ex-namoradas. Ao passo que algumas escapam apenas com a alcunha de rainhas do drama, outras são classificadas de psicopatas (também conhecidas como esquizofrênicas). Todo cara fala sobre aquela ex-psicopata, naquele episódio em que ela perdeu as estribeiras e foi preciso chamar homens de avental branco para jogarem uma rede em cima dela e acalmá-la com um dardo de tranquilizante. Sabe como é, exatamente como fazem com um animal que escapou do zoológico."

3. "O que o cara faz é ficar observando a reação da mulher quando outra entra no recinto. Se ela ficar com um pouquinho de ciúme, isso vai aparecer em seu rosto. Então ele só precisa dizer que o vestido da mulher é bonito, ou que o cabelo dela é legal, ou que ela anda de um jeito bacana. E ele sabe que basta isso para irritar a namorada. Ela ficará tão irada que vai soltar fumaça pelas narinas. A verdade é que ele não está nem aí para a outra

mulher; só quer provocar a namorada. Pode parecer imaturo, mas nós queremos saber que você ainda dá atenção para nós."

4. "Digamos que você tenha feito a declaração de que não gosta quando as pessoas chegam atrasadas. Ele armazena isso em seu banco de memória. Se ele quiser testá-la, vai aparecer uma hora atrasado com uma boa história. Se você gritar, espernear ou xingar, ele vai achar que você não é boa para casar. Uma reação tranquila é a seguinte: 'Fiquei um pouco preocupada com você, mas ainda bem que chegou. Da próxima vez, vê se me dá uma ligada.' Isso mostra que ela tem classe e é distinta e, o mais importante, que é alguém com quem dá para discutir. E essa é a mulher com quem você vai considerar a possibilidade de se casar."

5. "Não pergunte: 'Você acha que fiquei gorda com esse jeans?' O cara pode responder: 'Não ficou assim tão gorda. Mas basta parar de tomar tanto sorvete para não ficar mais ainda.' Na verdade, ele está mantendo sua insegurança para que você se esforce mais para agradá-lo. Muitos homens acreditam que elogios mornos fazem com que uma mulher seja manipulada com mais facilidade. Se você necessitar de elogios constantes, os homens vão achar que você não se sente segura em relação a si mesma."

6. "Um cara se sente à vontade com uma mulher em parte pela maneira como ela o trata depois que ele pisa na bola. Algo semelhante a lidar com sua mãe. Todo homem sabe quando está fazendo algo errado. Se eu sair da linha e minha mulher não fizer um escândalo ao abordar o assunto, conquista meu respeito. Isso é algo que deixa um cara muito excitado."

7. "Quando o cara está apaixonado, ele não sai tanto para beber ou para pescar. Mas continua querendo fazer essas coisas de vez em quando. Se ele tiver vontade de ir a um bar de *strip-tease*, faça-o entender que é falta de respeito. Mas, se quiser ir a um jogo de futebol, dê apoio. Pergunte se ele quer que você compre carne para um churrasco depois da partida. Assim, ele vai ficar pensando que, no casamento, você será uma pessoa divertida e que ele não vai se privar das outras atividades de que gosta."

8. "A mulher não pode ficar tendo crises emocionais o tempo todo. Assim, ele vai perder lentamente o respeito por ela, principalmente se ela agir assim na frente das crianças. A coisa mais brochante que uma mulher pode fazer é bater o pé como uma criança. Você nunca vai desejar que ele pense em você assim."

9. "É extremamente importante para o homem manter o amor e o tesão por uma mulher. Se ela viver fazendo drama, a atração sexual dele vai arrefecer aos poucos, como um interruptor com *dimmer*. Sempre que ela se mostra razoável, forte e racional, o homem fica com vontade de lhe dar o mundo."

10. "Você precisa estar disposta (ou pelo menos fingir que está) a ouvir o que ele tem a dizer. Quando um homem sente que realmente é ouvido, ou compreendido, fica com esperança de que as coisas corram bem com aquela mulher. Ele tem de pensar que você não tira conclusões precipitadas e que escuta. Mesmo quando ele está dizendo um monte de besteiras, você pode continuar

escutando. Isso lhe dará mais credibilidade quando você disser: "Não vou acreditar nessa porcaria de jeito nenhum. Se isso acontecer de novo, sugiro que você invente uma desculpinha melhor, porque essa bobagem não vai colar."

Agora que você ouviu tudo diretamente da boca deles, lembre-se de que não é preciso ficar tão irritada. Ele não faz isso só para se divertir com seu mal-estar, mas para obter atenção. É como um bebê no cadeirão que joga o chocalho no chão. Por quê? Para a mamãe vir recolher. Daí a mamãe vem, recolhe o chocalho e devolve à criança. E o bebê, o que faz? Joga no chão de novo. Por quê? Para chamar a atenção.

PRINCÍPIO DE RELACIONAMENTO Nº 66

Quanto mais controle você tiver sobre si mesma, mais domínio terá sobre o coração dele.

Uma pessoa com autocontrole é aquela que pode se levantar e sair a qualquer momento. Os homens sabem disso de maneira instintiva, e é por isso que o autocontrole eleva os padrões da maneira como ele a trata. Adote a seguinte atitude: "Eu me recuso a andar por aí com os nervos à flor da pele. Já tomei minha decisão de ser ativa e positiva e não acredito no que outras pessoas dizem a meu respeito." Esta é a verdadeira força de alguém que tem segurança. E, além de fazer com que você se transforme em um ímã de homens, também faz com que atraia simpatias de ambos os sexos.

Pergunta 6:
Quais são os medos secretos dos homens?

1. "Os homens têm medo de se amarrar à mulher errada, principalmente a alguém que os faça se sentir péssimos o tempo todo. Eles têm medo de que ela fique dando bronca neles, como a mãe fazia, e que comece a assumir a aparência da avó. Eles não têm medo de uma ou duas rugas. Eles têm medo de que ela se transforme em alguém que eles não reconhecem, que não conseguem imaginar como sua companheira na cama."

2. "Os homens temem ter de competir com seu Namorado que Funciona à Pilha. Ele quer acreditar que seu bastão mágico cumpre seu papel e, se você usar seu amiguinho na frente dele e o brinquedo conseguir dar conta do recado com mais rapidez e desenvoltura do que ele, o homem vai perder o desejo porque não pode competir com aquilo."

3. "Os homens têm medo de demonstrar fraqueza. Se meu dia tiver sido realmente horrível, talvez não queira falar sobre 'sentimentos' com minha parceira. Posso até evitar um encontro porque não quero descontar nela. Na posição de homem, queremos ser fortes para a mulher com quem nos preocupamos."

4. "Ele tem medo de que a mulher dirija o carro dele. Os homens acham que as mulheres não sabem apreciar um bom equipamento e um belo trabalho artesanal. O carro de um homem é seu orgulho e sua alegria. Nunca falha. A mulher abre a porta do lado da calçada e bate em um poste. Mas, se ele amar a mulher de verdade, vai permitir que ela dirija seu carro. Uma ou duas vezes. É um gesto simbólico. Isso significa que ele confia nela e a valoriza mais do que o carro."

5. "Os homens têm medo de perder seu status ou de desmoronar emocionalmente e não conseguir se reerguer. Por isso os homens se encontram na frente da fogueira para relatar seus feitos. Depois de tomar algumas cervejas com os amigos, os problemas costumam desaparecer. É por isso que os homens não querem se ver estirados em algum divã de psiquiatra, recebendo um lencinho para enxugar as lágrimas."

6. "O maior receio de um cara é que sua mulher o traia. A maior parte dos homens tem muito medo de que isso aconteça, principalmente quando há filhos envolvidos. Muitos pensamentos passam pela mente do homem nessas horas. Eles sabem que, se isso acontecesse, teriam de enfrentar a decisão entre o bem-estar emocional dos filhos e seu próprio bem-estar emocional. É o tipo de coisa que acaba com a vida de qualquer um."

7. "Tenho muito medo de ter filhos idiotas. Por isso não poderia me casar com uma mulher de olhar vazio. Nenhum cara

quer um olhar vidrado, ou uma mulher largada, sem brilho. Você sabe do que estou falando: aquele tipo que você olha e começa a se perguntar se na família dela houve muitos casamentos entre primos."

8. "Os homens querem ter uma mulher bonita, mas têm medo de ficar presos ao mesmo padrão. Os homens não seriam capazes de segurar a barra se fossem loucos por uma mulher e ela o examinasse da maneira como ele a examina. Se a mulher dissesse: 'Ei, sua barriga está meio grande, e eu não estou assim tão atraída por você.' Isso faria com que ele sentisse o drama, e fosse direto para a academia."

9. "Os homens têm medo de ser feitos de trouxas, de bobos ou de que alguém se aproveite deles. Nenhum cara quer ser levado a se transformar em vale-refeição. Quando você é um vale-refeição, sente-se desvalorizado. Então, fica com um ressentimento que começa a aumentar e passa a acreditar que não dá para confiar em mulher alguma."

10. "Os homens têm medo de divórcio, porque o tribunal de separações é território feminino. E, se você tem filhos, já era."

A pressão para ser "macho" influencia a maneira como ele aborda um relacionamento. Lembre-se de que os sentimentos masculinos não são diferentes dos femininos – só o estilo é diferente. Por mais que pareçam não emotivos, os homens também são vulneráveis. Eles também podem ser esmagados como uma uva. O homem tem necessidade profunda de confirmação e, com frequência, não vai lhe avisar quando se sentir vulnerável. Se estiver chateado, vai dizer: "Ah, não tem problema", embora, talvez, esteja chorando por dentro.

PRINCÍPIO DE RELACIONAMENTO Nº 67

Quando um homem realmente se preocupa com uma mulher, se sente vulnerável. É aí que mais precisa de um escudo de proteção – e geralmente é quando agirá com mais frieza.

Pergunta 7:
Qual é a melhor maneira para a mulher reavivar o desejo de um homem quando a relação começa a esfriar?

1. "Não deve nem tentar."

2. "Se um cara não estiver correspondendo a suas necessidades de atenção, ela deve deixar de ligar para ele. Faça com que ele pense que você perdeu o interesse e praticamente desapareça. Ela deve se mostrar indisponível e parar de ir para a cama com ele. Ele precisa pensar: 'Espera aí – ela já devia ter ligado a essa altura.'"

3. "É o velho ditado: 'A gente não sente falta da água até o poço secar.' Corte o fornecimento de água sem explicação e sem dar motivo. A melhor coisa que a mulher pode fazer é interromper o contato sem explicação e deixar que ele retorne com um gesto grandioso."

4. "Se um cara for chegar em casa trêbado às 3h da manhã, não esteja lá nessa hora. Ligue para uma amiga e vá dormir na casa dela. Assim, ele vai se tocar rapidinho."

5. "Um cara que conheci parava para tomar uma cerveja todo dia depois do trabalho. Daí ele esperava a namorada começar a ligar e implorar: 'Venha pra casa. Quando você vem pra casa?' Uma vez, ela não ligou. Ele começou a ligar para casa e ninguém atendia. Então, ele se levantou e correu para casa, à procura dela. De repente, ir para casa ficou interessante. Mas, enquanto ela o esperava, era uma chatice."

6. "Uma garota com quem eu saía dizia para mim: 'Eu ligo daqui a cinco minutos. Estou ocupada agora.' Daí, não ligava. Foi aí que percebi que não estava dando atenção a ela e redobrei meus esforços."

7. "Para reavivar o interesse dele, vá viajar um fim de semana com as amigas. Diga que vai passear e não ligue enquanto estiver fora."

8. "Ela pode chamá-lo na chincha. Ela pode dizer: 'Olha, estou ocupando seu tempo e, se você preferir estar em outro lugar, tudo

bem. Sempre existe alguém certo para cada pessoa. É só procurar. Se ela reconheceu o fato e chamou a atenção dele para isso, o homem percebe que ela está ligada no que está acontecendo e que não aceita desrespeito. Isso faz com que ele preste mais atenção."

9. "Escolha os próprios passatempos. Não fique esperando por ele. Ocupe-se com algo, de modo que ele não tenha certeza a respeito de quando vai vê-la."

10. "Você não pode ser igual a um cachorrinho que fica esperando por ele ao lado da porta. O animal espera por você porque essa é a coisa mais importante de seu dia. Se você ficar assim, vai passar a ser desinteressante. Mas, se você sempre explorar coisas novas e ele puder ver que você cresce independente dele, vai respeitá-la. Não existe nada mais encantador do que uma mulher que tem paixão pela própria vida e que descobre coisas novas. Ele vai se esforçar para fazer parte disso e para continuar sendo sempre tão interessante quanto ela."

PRINCÍPIO DE RELACIONAMENTO Nº 68

Sempre que o tédio se instalar, simplesmente acabe com a rotina. Assim que a rotina mudar, o interesse dele se reacenderá e a relação voltará a ficar interessante.

Pergunta 8:
Como a mulher pode saber se o homem está mesmo apaixonado, pensando em "para sempre"?

1. "Ele pensa por dois, não por um. Ele inventa atividades e vai sempre pensar por dois – e não por um. Começa a pensar em você antes de tomar decisões importantes na vida. Onde ele vai morar, que casa comprar, que viagens fazer. As saídas com os amigos vão se tornar esporádicas – de vez em quando ele vai sair para uma partida de sinuca. Você vai se transformar na pessoa com quem ele mais gosta de estar. Se ele tiver uma semana de férias, vai planejá-la com você, não com o amigo da faculdade que não vê há muito tempo."

2. "O interesse dele será consistente. Se estiver pensando em longo prazo, não vai passar muito tempo sem falar com você. Não vai querer passar apenas momentos esporádicos ao seu lado e não vai entrar em contato apenas de vez em quando. Por outro lado, se tudo o mais vem antes e você começa a ouvir coisas como: 'O irmão do sogro do meu primo de segundo grau precisa que eu cuide das crianças, então a gente não vai poder se ver neste fim de semana', pode saber que essa relação não tem nada a ver com amor. Se ele realmente gostasse de você, não iria manter esse contato eventual. Você teria acesso contínuo às atividades dele e conheceria todos os aspectos de sua vida."

3. "Ele vai tomar certo cuidado com ela. Quando um cara gosta de você, presta muito mais atenção e quer agradá-la. Fica com certo ar de doçura e nervosismo. Você pode ligar para ele a qualquer hora e pedir algo. Se você pisar em uma poça d'água, vai ter a sensação de que ele poderia ter jogado o casaco por cima para você passar. Você não ocupa apenas o espaço físico de um móvel. Você ocupa a mente e os pensamentos dele também, e ele fica alegre só por estar a seu lado."

4. "Ele não dará desculpas. Não haverá graduações e níveis de amor. Nada de: 'Eu amo você, mas não estou *apaixonado*.' Quando um homem está apaixonado, pode ter um dia difícil de vez em quando, mas não vacila em querer ficar com você. Quando alguém separa o amor em categorias distintas, distinguindo entre amor com uma cereja por cima e amor só com chantili, então não é amor."

5. "Se ele realmente gostar de conversar com você no final das contas, este é um ótimo sinal. Quando um homem está apaixonado por você, liga quase todo dia, não só nos fins de semana. Quando vocês estão no carro a caminho do restaurante, nunca falta assunto."

6. "Ele não a convida para sair dizendo: 'Passe aqui sempre que desejar.' Ele quer marcar para sair com você porque assim é especial. Ele vai pensar: 'Vou construir isso aqui. Vou dar conta disso.' É aí que você sabe que é um prêmio – e não uma qualquer."

7. "Ele vai ficar a seu lado mesmo quando você estiver errada. Os amigos dele não vão poder falar mal de você e ele protegerá seus sentimentos. Se uma colega de trabalho ligar para ele à meia-

noite, ele pedirá que ela não ligue assim tão tarde. Você sempre vai se sentir a número um da vida dele."

8. "Ele vai lhe dar acesso livre à vida dele. Depois de seis meses, você não receberá menos atenção do que recebia no primeiro mês. A certa altura, ele até vai permitir que você atenda o telefone dele. Vai convidá-la para ir junto a quase todos os lugares que ele frequenta."

9. "Ele vai ter atividades que fogem à sua rotina. Com uma mulher por quem ele é louco, vai fazer toda a hora extra do mundo. Ele vai fazer coisas para você, vai valorizá-la, vai querer agradá-la, vai tentar alegrá-la quando estiver triste e vai apreciar cada minuto a seu lado porque você é a pessoa mais importante para ele."

10. "Ele vai pedir você em casamento."

Acima de tudo, *ele vai respeitá-la como mulher.* Quando um homem está apaixonado por você, nunca se referirá a você como uma "mina" ou uma "garota" ou "minha velha" ou "minha prisão". Ele vai falar de você como a mulher dele, ou a namorada, ou a esposa, ou a noiva. Vai falar de você *com respeito*, porque ele a vê como a garota de seus sonhos.

8

DO "TALVEZ" PARA O "aceito"

Como fazer com que ele lhe dê uma aliança e fique na palma da sua mão

Proteja-se de modo que ninguém possa passar por cima de você, mandar em você ou desrespeitá-la. Simplesmente diga: "Espere um pouquinho. Eu mereço apenas o que há de melhor, querido."

MAYA ANGELOU

Para que o casamento deixe de ser apenas uma promessa

Em um mundo perfeito, Romeu encontra Julieta. Depois de um ano de namoro de tirar o fôlego, ele aluga um jatinho, leva-a até uma ilha particular, ajoelha-se e a pede em casamento. Daí, fogos de artifício iluminam o céu, os planetas se alinham, os passarinhos cantam, cães e gatos saltitam ao pôr do sol e todo mundo vai para casa feliz.

Uma dose de realidade: com muita frequência, os pedidos de casamento na vida real não são iguais aos dos filmes. Você pode receber uma bela aliança ou um belo pedido, mas eles nem sempre vêm juntos (a não ser que ele tenha um bom roteirista ou tenha passado muito tempo na divisão de cartões da Hallmark). Às vezes, não há absolutamente alarde algum. A portas fechadas, o cara diz: "Certo, certo. Vamos dar uma olhada nas alianças, prometo. Faltam dois minutos para acabar a final do campeonato. Será que podemos falar sobre isso noutra hora?"

Você já reparou como os homens se comportam estranhamente quando veem um comercial de joalheria? A razão pela qual eles detestam esses anúncios é que literalmente sentem a tensão no ar. *"No dia dos namorados, mostre a ela que você a ama. Diamantes são para sempre."* Então mostram uma mulher reluzente de tanta alegria, com uma música melosa no fundo. Daí surgem os noivos correndo pela praia de vestido de noiva e smoking. *"Que o amor de vocês dois dure tanto quanto um diamante."* Quando o comercial termina, a namorada está olhando para a mão esquerda fazendo um bico, como uma menininha que deixou cair a casquinha de sorvete no chão. Como se estivesse em uma história em quadrinhos, um balãozinho imaginário aparece em cima da cabeça dela: "Onde diabos está minha aliança?" Enquanto isso, o balãozinho em cima da cabeça dele diz: "Qual foi o publicitário imbecil que resolveu interromper a final com essa porcaria?"

Como a maior parte das mulheres geralmente não consegue encontrar a melhor linguagem para falar sobre noivado, este capítulo vai ajudá-la a aprimorar suas habilidades nesta área. As informações que você está prestes a ler têm como base as respostas que colhi junto a vários homens que ou ficaram noivos recentemente ou já são casados. O primeiro consenso entre eles foi o seguinte:

PRINCÍPIO DE RELACIONAMENTO Nº 69

Você tem muito mais chance de ser pedida em casamento se o homem não se sentir pressionado a tomar essa atitude.

Quando chega o momento das "negociações", a abordagem das mulheres poderosas funciona melhor do que as tentativas típicas das boas moças para conseguirem ser pedidas em casamento. A mulher poderosa não faz bico. Não solta indiretas. Não reclama. Durante um ano inteiro, nada disso entra na pauta. Ela sai, se diverte e não fica mostrando a mão nem falando em compromisso. Por quê? Porque, depois de mais ou menos um ano, ele estará ligado nela. Estará preso com toda força. Ele acha agradável estar perto dela. Ela não representa pressão... nem obrigação. Ela é um prêmio pelo qual ele se esforçou e conquistou... quase. Tudo isso lhe traz vantagens.

A abordagem de uma mulher poderosa é sutil, por duas razões. Primeiro, ela sabe que os homens não são imbecis. Ele não tem de ser campeão do concurso de soletrar para compreender que a maior parte das mulheres não consideraria o relacionamento um sucesso estrondoso se simplesmente morasse com um sujeito durante anos. A menos que ele tenha sido criado por uma matilha de lobos, isso ele é o mínimo que ele sabe.

A segunda razão pela qual ela é sutil em sua abordagem é que, se um ano já se passou, perguntar "Para onde isso aqui vai?" seria apenas um detalhe técnico.

Um recém-casado chamado Jeff explicou:

"Morei com outras mulheres antes de me casar com minha esposa. E todos os caras sabem que, depois de um ano, dois no máximo, a mulher perde um pouco de sua dignidade. E a verdade é que você perde o respeito pela mulher se ela continua lá, porque, de certa maneira, o cara sabe que a relação se transformou em algo gratuito. Ele sabe que está aproveitando todas as vantagens sem abrir mão de nada. Quando a mulher quer se casar e ele passa uns dois anos enrolando, ele tem consciência de que está se aproveitando dela. Ou sabe que pode continuar se aproveitando até se sentir preparado para

ir embora. Se ela estiver disposta a ficar com ele, o cara pensará: 'Ai que bom, não vou precisar me casar com ela.' Mas daí a gente começa a pensar: 'Por que ela permite que eu me aproveite? Tem alguma coisa errada com ela.'"

Em outras palavras, ele começa a perder o respeito. Parte do princípio de que ela é ingênua... ou que está desesperada. Ela se torna menos atraente porque ele sabe que está se aproveitando, e ela não toma atitude alguma. Como se diz em Hollywood: "Você morre de tanto receber incentivo."

Em geral, é neste ponto que o processo de desvalorização começa. Por que é que preciso valorizá-la e elogiá-la?" E uma ideia ainda mais básica subjaz a esta: "Tenho a opção de ficar com ela até cansar. Ou até que surja coisa melhor. Vou aproveitar até estar com vontade de retomar minha vida de solteiro." E este é exatamente o nível de segurança que uma mulher poderosa não vai permitir que um homem tenha.

PRINCÍPIO DE RELACIONAMENTO Nº 70

A mulher poderosa não se permite estar com um homem que só está matando tempo até que apareça coisa melhor.

Isto está diretamente relacionado a razão pela qual os homens se casam com as mulheres poderosas. *A poderosa tem força de convicção.* Por mais doloroso que seja, por mais medo que ela tenha, ela téra de ir embora se não obtiver o que deseja. E adivinhe! É exatamente por isso que ela consegue o que deseja. Quando a mulher poderosa transmite, *com sutileza*, a mensagem de que *não* vai ficar esperando para sempre, começa a negociação, como ocorre em qualquer outro tipo de transação. Quando uma pessoa está disposta a sair da loja de mãos abanando, aparece alguém com uma oferta melhor.

Dito isto, você não pode dar um ultimato. Mas eis o que você pode fazer: ter uma ou duas conversas com ele. A primeira conversa é uma sessão de levantamento de dados. E, se você não gostar do que ouvir, na segunda conversa, dê seu golpe certeiro.

Se um ano já tiver se passado e você quiser que ele a peça em casamento, na primeira conversa você deverá ser bem clara. Diga algo como:

"Estamos juntos há um ano. Eu amo você e acho que você é um homem maravilhoso. E aceito as coisas como estão. Mas gostaria de obter um pouquinho mais de nosso relacionamento, porque, para mim, parece que as coisas não estão progredindo."
(Então, fique em silêncio.)

Quanto menos você disser depois disso, mais poder terá. O objetivo é criar uma abertura para ele sem ameaças, de maneira bem relaxada. Sua função é ficar com uma expressão inescrutável, sem mostrar emoção alguma. Por quê? Você quer saber a verdade. Você não quer ouvir conversa fiada nem escutar o que ele acha que você quer escutar – você deseja uma resposta *verdadeira* dele. Ele pode dizer que está loucamente apaixonado por você e que está planejando uma surpresa. Daí pode dar a dica de uma viagem de fim de semana. Ou pode perguntar se você quer sair para comprar uma aliança.

Se ele não lhe der a resposta que você deseja escutar, e você ficar com a sensação de que ele está evitando o assunto a todo custo, é sua deixa para reduzir sua presença. Seja qual for a quantidade de tempo que você passe com ele, reduza-a em algum ponto entre 60% e 70%. Encontre-se com ele uma ou duas vezes no período de duas semanas. Então planeje uma viagem de fim de semana com suas amigas. (Isto sempre os deixa apavorados porque não sabem o que suas amigas podem lhe dizer.) Se ele perguntar com quem você está saindo, assegure-o de que não há ninguém além dele. Apenas mantenha-se ocupada e fora do alcance dele. Mas não explique por quê. *Esta resposta, ele já sabe.*

PRINCÍPIO DE RELACIONAMENTO Nº 71

A mulher poderosa não fica jogando indiretas sobre casamento nem pergunta: "Para onde isso está indo?" Em vez disso, ela dá indiretas a respeito do rompimento da relação. *A palavra* casamento *nunca é mencionada.*

Pode ter certeza de que ele vai entender. Em poucas semanas, é provável que outra conversa ocorra, porque ele vai notar que você mudou e vai perguntar: "Qual é o problema?" Quando ele fizer isso, você não pode deixar transparecer que está deprimida, arrasada ou aborrecida. Se ele continuar sem dizer que deseja dar o próximo passo na relação, talvez você considere dizer-lhe o seguinte:

"Nós nos divertimos muito. E não me arrependo do tempo que passamos juntos. Acho que você é tudo. Mas, obviamente, temos propostas diferentes, então precisamos fazer o que é certo. Eu amo você e quero que seja feliz, quero também que você consiga aquilo que deseja. Acho que está na hora de cada um tocar sua própria vida."

Nessa hora, você tem de demonstrar classe e fazer com que ele veja que você é diferente. Nada de dramas na madrugada. Nada de choro. Nada de viagens de culpa. Nada de vítimas ou mártires no recinto. Não lhe dê a impressão de que você acha que foi lesada. E não tenha mais nenhuma conversa com ele. Isto aqui não é uma maratona de súplicas.

A razão pela qual o silêncio é precioso neste momento é que qualquer coisa que você disser depois disso vai informá-lo de que ele tem como ganhar tempo, enrolar ou deixar para depois. Qualquer choro ou grito em uma discussão dessas vai mostrar ao homem que você é insegura e ele vai achar que não precisa mudar nada. *Isso lhe diz que você pode ser manipulada e que ele não precisa levá-la a sério.*

Simplesmente enfatize o que você deseja e então passe a impressão de que é uma mulher forte e madura. "Não quero que você se meta em algo para o qual não está preparado." Se você mantiver a calma, o homem ficará muito mais assustado, porque então saberá que esta não é uma decisão provocada por hormônios. É uma decisão baseada no que ele tem a oferecer, em quem ele é e na disposição que ele tem para fazer a parte dele. E você não tem a intenção de se contentar com pouco, porque não está desesperada. Isso faz com que sua cotação suba. "Ô-ou, preciso dar a ela uma razão para ficar; caso contrário, vou perdê-la."

Então, recapitulemos:

- ✓ Ele não receberá nenhum ultimato.
- ✓ Ele não será pressionado, não vai ouvir "casa comigo, casa comigo", nem vai ficar com a sensação de que está sendo amarrado como um peru de Natal.
- ✓ Você é uma mulher aberta e madura, que não faz julgamentos precipitados.
- ✓ Você não vai acabar com a relação. Não exprima raiva por ele estar se aproveitando da situação nem diga que ele estragou tudo.
- ✓ A única coisa que você dirá é: "Você é divertido, bacana e legal, e eu amo você. Mas, antes que desperdicemos ainda mais o tempo um do outro, precisamos resolver esta questão."

O negócio não é o que você diz, mas *a maneira como você se comporta quando cai fora*. Você terá de se segurar e demonstrar uma calma improvável sob tais circunstâncias. Daí, ele vai pensar: "Humm. Esta aqui não é como as outras." Daí, você se torna insubstituível. Tudo tem a ver com o caráter; tudo tem a ver com a classe.

Os homens são criados para acreditar que as mulheres são o sexo mais fraco. Então, quando você se mostra disposta a defender seus princípios mesmo quando isso lhe é doloroso ou pode lhe custar algo, você se transforma na guerreira extrema. "Espera aí. Ela era minha. Agora, não consigo mais fazer o que bem entendo com ela. O que está acontecendo aqui?" Se você conseguir se segurar, mostrar-se impassível e agir como se estivesse plenamente ciente de tudo que está acontecendo, adivinha só quem ficará por cima?

É isso o que a maior parte dos homens procura em uma esposa. Esta é a garota dos sonhos dele, completa: uma mulher feminina que não se deixa dominar pelas emoções e pela insegurança. Há uma dignidade silenciosa em algumas mulheres. É como um campo de força a seu redor que faz com que ele se derreta como manteiga. Ela não berra. Não grita. A maneira como ela se valoriza e tem fé em si mesma sem fazer alarde é a verdadeira essência do que faz com que ela seja o que todo homem procura.

Jessica e Rick são um exemplo perfeito dessa dinâmica. Estavam juntos havia três anos e a relação deles era ótima. Ainda assim, ele se arrastava na questão casamento.

Então Jessica disse: "Já que você não quer se casar comigo depois de três anos juntos, acho que cada um deve ir para o seu lado. Tchauzinho." Eu me lembro de quando ela me contou essa história e acenou com a mão ao dizer "Tchauzinho". Então, ela interrompeu todo o contato. Três meses depois, Rick ligou para Jessica e perguntou: "Será que a gente pode sair para jantar amanhã à noite? Por favor?" Ela recusou. Ele continuou insistindo noite após noite. Finalmente, ela concordou, relutante. No jantar, ele a pediu em casamento com uma linda aliança.

É assim que os homens pensam. Quando um atacante é atingido por uma falta feia, ele se ergue logo. Não vai se deixar abater por isso, e vai querer continuar a marcar seus gols.

Se você estiver se afastando e ele perguntar: "Será que a gente pode se ver de vez em quando?" Diga a ele: "Claro que sim." Então, cada vez que ele quiser se encontrar com você, esteja indisponível. Se você costuma estar disponível para ele entre 60% e 70% do tempo, torne-se indisponível 97% do tempo. Evite-o *sem* deixar transparecer que está fazendo isso. Assim, a imaginação dele vai ficar a mil. É aí que a solidão e a falta de companhia vão começar a se abater.

O assunto no qual você *não* pode tocar é sair com outros homens. Por quê? Não há necessidade. Ele ficará apavorado com a ideia de outro homem penetrando sua mulher. "Será que outro cara vai oferecer a ela algo que não ofereço?" Então, ele vai começar a ter visões de outros homens fazendo serenata e coisas para agradá-la (e que conseguem fazer tudo isso melhor do que ele), o que já será suficiente para que ele se descabele. Faz um ano que ele vai para a cama com você e, na cabeça dele, você foi feita para ele. A ideia de outro homem é... *impensável*. É por isso que você precisa dar uma sumida, para que o *impensável* passe pela cabeça dele repetidas vezes... até o ponto de fazer com que ele passe noites em claro. Quando atingir esse estágio, ele vai disparar direto para a joalheria mais próxima.

Todo homem *pensa* que quer ser livre... quer dizer, até conseguir sua liberdade. Então, a ansiedade da separação combinada a alguma mulher que ele conhece em um bar e que lhe pergunta "Que carro você tem?" faz com que ele perceba que está perdendo a melhor mulher que já teve.

Chamo isso de "analogia do amendoinzinho de bar". Se você for uma boa mulher, representa a dieta de relacionamento dele. Você é um café da manhã, um almoço e um jantar saudáveis. Outra mulher qualquer de quem ele obtém atenção representa o amendoinzinho. Desde que ele tenha as três refeições principais em casa, pode sair para conseguir um pouco de atenção, ou alguns amendoinzinhos, e beber uma cerveja gelada com o pessoal. Mas, se você se excluir totalmente da equação, ele vai ter de transformar os amendoinzinhos em três refeições. E então, logo vai perceber que a grama do vizinho não é assim tão verde. "Ei, estes amendoinzinhos aqui são uma porcaria."

Lembre-se de que você quer sair da situação por cima. Não vá logo ameaçando que vai começar a sair com outros homens, porque isso está implícito. Ele vai sentir que você o está ameaçando: "Faça o que eu digo ou então vai ver só uma coisa." Para alguns homens, essa é uma ofensa terrível. "Se eu não conseguir o que quero na hora que quero, vou jogar fora tudo o que a gente tinha em um instante." Assim, pode parecer que o relacionamento não vale "para sempre".

Jane e Darren estavam namorando quando ela lhe deu um ultimato direto depois de um ano. Duas semanas depois, ele passou na casa dela com a intenção de pedi-la em casamento. E, quando entrou, ela foi logo lhe mostrando todos os e-mails que tinha recebido de um cara com quem já havia ficado algumas vezes. Na hora, ela não sabia que ele estava com uma aliança no bolso. Apesar de ele ter ficado arrasado, viu aquilo como sinal de que a relação não valia para sempre.

No final das contas, seu caráter e sua disposição de não arredar pé de suas convicções são tudo em que ele pode confiar. Ele sabe que a mulher errada pode acabar com ele – emocional e economicamente. Quando uma mulher poderosa defende aquilo em que acredita de maneira decente e honesta, todas as emoções dele vêm à tona. O relacionamento se torna muito real. Ela ganha legitimidade e autenticidade. Se uma mulher estiver disposta a lhe dizer: "Vou apostar tudo que tenho e estou disposta a abrir mão do conforto e da segurança para obter o que quero de verdade", ele geralmente sente que precisa daquela mulher. Que não pode existir sem ela. É aí que ela se transforma na "mulher certa".

PRINCÍPIO DE RELACIONAMENTO Nº 72

Quando você age de maneira firme, feminina e forte, pode conseguir *o que quiser* de um homem. Se você se der bastante valor, *da maneira correta*, o mesmo valerá para ele.

Às vezes, leva alguns minutos para que ele se ligue. Outras vezes, semanas ou meses. Se ele estiver apaixonado por você, vai se ligar. E, se não se ligar, *você teria desperdiçado seu tempo durante cinco ou dez anos* e acabaria da mesma maneira. *Então, você não perdeu nada.*

Portanto, dê ao sujeito a chance de pedi-la em casamento. Afinal de contas, os homens não têm predisposição nem são condicionados a pensar nisso. Ele não fica deitado na cama à noite pensando num passeio de gôndola a dois na Itália, com um sujeito de sotaque marcante cantando *O Sole Mio* com um violãozinho. No entanto, um ano se passou e agora ele se apegou a você. E, então, não dá para substituí-la ou esquecê-la assim com tanta facilidade.

Enquanto as mulheres se apaixonam na presença do homem, os homens costumam perceber que estão apaixonados na ausência dela. E algumas vezes ele só precisa de um tempinho para se dar conta disso.

Passe a enxergar a si mesma com outros olhos

Em uma das anotações em seu diário, Marilyn Monroe escreveu que, quando andava pela rua ao lado de Joe DiMaggio, achava que ele devia caminhar pela calçada e que ela devia "caminhar pela sarjeta". Ela era possivelmente a mulher mais bonita do mundo – uma lenda. E, mesmo com toda aquela beleza e sensualidade, devido à baixa autoestima, sentia-se inferior em relação às outras pessoas, como se uma âncora sempre a arrastasse para baixo na vida. Muitas mulheres têm o mesmo problema.

Ao escolher uma esposa, os homens reparam se você é feliz. Ou se você se sente bem consigo mesma. Michelle e Michael têm um casamento feliz e, quando estavam namorando, ela lhe disse algo de que ele se lembraria anos depois: "Se eu me casar, serei muito feliz. E, se ficar solteira, terei uma vida ótima e também serei feliz. Então, realmente não é prioridade." É exatamente essa a contribuição que uma mulher poderosa traz ao relacionamento e que uma "boa moça" insegura não traz: a alegria de viver.

Qual é a diferença entre Michelle, uma mulher comum, e a lendária Marilyn Monroe? O resumo é o seguinte:

PRINCÍPIO DE RELACIONAMENTO Nº 73

Na vida, metade da batalha tem relação com a maneira como você resolve se ver. Sua satisfação depende de você se enxergar de um ponto de vista positivo ou negativo.

Se você sente que não "se basta" *sem* marido, não vai sentir que "se basta" com marido. Se você se enxerga de um ponto de vista negativo, vai dizer a si mesma: "Qual é o meu problema? Todas as minhas amigas são casadas... *menos eu*." Ser solteira não faz com que você seja menos do que ninguém; do mesmo modo, ser casada não é garantia de felicidade. Se este fosse o caso, metade dos casamentos não terminaria em divórcio.

No entanto, enxergar a si mesma sob um ponto de vista positivo é o melhor que você pode fazer para ser feliz. Aproveite cada dia e viva-o ao máximo. Seja positiva. Ame a si mesma. E dane-se o que qualquer outra pessoa pensa se não aprova suas atitudes. Não deixe que ninguém coloque uma nuvenzinha negra em cima de sua cabeça. Ou então, quando você se casar, vai continuar infeliz e, assim como Marilyn Monroe, vai achar que seu lugar é na sarjeta.

Como você leu neste livro todo, os homens desejam... anseiam... e ficam com as mulheres fortes e espirituosas que sabem quem são. Eles não querem sentir que estão adotando uma órfã nem pegando uma criança necessitada que vive se desculpando por suas necessidades, não consegue exprimir o que sente e precisa que outra pessoa lhe dê força o tempo todo. Então, não pense em "finais felizes"... pense em inícios felizes. E comece hoje... independentemente de seu estado civil.

Por que será mais provável que você encontre um marido agindo dessa maneira? Um homem casado chamado Mark explicou: "Os homens sabem que, se uma mulher não estiver feliz consigo mesma e ele se casar com ela, vai se transformar no receptor de suas desilusões e ressentimentos. O fato de ela não ser feliz vai ser 'culpa dele'. Por essa razão, os homens instintivamente querem ficar com mulheres que são felizes com ele... ou sem ele."

É por isso que os homens se casam com as mulheres poderosas e seguras. O cara vai ficar menos preocupado em perder sua liberdade para uma mulher que parece não precisar dele para ser feliz.

Claro que não é isso que é ensinado às mulheres. No filme *O clube da felicidade e da sorte*, há uma cena que exemplifica a atitude de abnegação e de menosprezo que Rose adota para conquistar o marido, sem entender por que aquilo está surtindo o efeito oposto. "Eu disse a mim mesma que aquela era a maneira amorosa de fazer as coisas. Com o tempo, percebi que Ted estava ficando entediado. *Então me esforcei mais.*" Daí corta para uma cena em que ela e o marido têm uma discussão a respeito do jantar (o que é dolorido para ele, porque ela se acostumou a não expressar sua opinião para ninguém... nem para si mesma).

Rose: Querido, você acha que devemos jantar em casa ou ir a um restaurante hoje?

Ted: Você resolve.

Rose: Se comermos em casa, teremos costeleta de cordeiro. Ou posso ligar para o *Square One*. Eu não queria interromper seu trabalho.

Ted: Você não está interrompendo. Eu falei sério. Quero saber o que *você* quer.

Rose: Seu dia foi difícil e para mim tanto faz. Eu só quero que você seja feliz... Querido, qual é o problema?

Ted: De vez em quando, eu queria saber o que *você* quer. Eu gostaria de ouvir *sua* voz, mesmo que seja para discordar de mim. Você era diferente. Você costumava ter opinião.

Observe como ela fala em tom de desculpa, ou como tem medo de impor sua vontade. Ela se vê como uma imposição... como alguém inferior a ele. Essa é a maneira como ela se enxerga. Mais tarde, quando muda o modo de se olhar, toma coragem e o respeito do marido renasce.

Em um artigo de revista, Meg Ryan disse: "Em meu dia a dia, eu me pego pedindo desculpas por alguma necessidade que tenho... ou pela maneira como me sinto em relação a alguma coisa. Não quero mais viver assim." E digo a você que deve pensar como ela.

PRINCÍPIO DE RELACIONAMENTO Nº 74

Os homens raramente consideram agradável o fato de você se desdobrar em mil ou querer agradá-lo demais. Os homens querem sentir que são especiais e, se você for *legal em excesso*, eles se sentem comuns, porque partem do princípio de que você faria qualquer coisa que *qualquer* homem pedisse.

A maior parte das "boas moças" recebe informações equivocadas. A elas, ensina-se o seguinte:

- "Se eu ficar mostrando a ele que o amo a cada intervalo de poucas horas, ele vai absorver a informação e vai me amar mais."
- "Se eu 'fizer o que ele quer para não brigarmos', ele vai pensar que somos mais compatíveis."
- "Se eu me sacrificar, nossa relação vai melhorar."
- "Se eu sempre concordar com ele, ele vai gostar mais das minhas opiniões."
- "Se eu ficar sempre bonita, vou conseguir o respeito que desejo."
- "Se eu redobrar meus esforços, ele vai redobrar a admiração dele por mim."

Então, ela começa a agradá-lo desde o segundo em que ele entra pela porta. O homem vai perder o respeito por você e estará menos (não mais) propenso a assumir compromisso quando sentir que:

- A decisão dele é a última palavra.
- Ele é a figura de autoridade no relacionamento.
- Nada do que ele faz é errado a seus olhos.
- Você assume posição inferior na relação.

Você nunca vai provar para um homem que é a melhor coisa que já aconteceu com ele se abaixar a cabeça ou se comprometer sua integridade. Também não vai comprovar que "vale mais a pena" se ficar puxando o saco de um homem... porque daí ***não terá o respeito dele.*** No fundo, os homens não se sentem emocionalmente completos em uma relação que faz com que ele se sinta idolatrado por um ser inferior.

PRINCÍPIO DE RELACIONAMENTO Nº 75

Ele não se casa com a mulher que o coloca em um trono. Ele se casa com a mulher que está no mesmo nível que ele... aquela mulher especial com quem pode compartilhar todos os momentos especiais da vida.

O homem quer sentir que é seu herói. Ele precisa se sentir reconhecido. Ele quer sentir que você o admira, que sente orgulho dele e que ele a protege. *Mas ele quer tudo isso de uma mulher que respeite a si mesma, que tenha coragem e que, em primeiro lugar e principalmente, goste de si mesma.*

Então, comece mudando a maneira como você se enxerga... ou pelo menos ajuste o grau dos óculos. Mude a maneira como você se vê, tome cuidado com as pessoas que tentam convencê-la de quem você é. Se conseguirem convencê-la de que você é feia, quando é bonita... que é burra, quando é inteligente... que é incapaz, quando é capaz... também podem convencê-la de que você não vale a pena, quando vale. Então, não acredite no que os outros lhe dizem a seu respeito. Se você se comportar assim, e a visão dos outros for negativa... vai perder o controle sobre seus sentimentos e suas opiniões. Você vai ficar com medo de se aproximar... medo de ousar... medo de almejar patamares mais altos. Você se transforma em uma presença silenciosa para todos... inclusive para si mesma. E é desse modo que você perde o maior bem que pode levar para um casamento: *você mesma.*

Antes de terminarmos, acho que há mais uma coisa importante a ser dita. Vamos reescrever o conto de fadas, que tal? Vamos esquecer tudo que aprendemos com Cinderela, Bela Adormecida, com Dorothy, Totó e a Terra de Oz – e vamos reconfigurar o conto de fadas. A história devia ser a seguinte:

Era uma vez uma princesa. Apareceu um príncipe que a convidou para um passeio em seu cavalo branco. Ela disse: "Eu bem que gostaria de passear no seu cavalo, mas agora não posso, porque estou ocupada cuidando do meu cavalo. Vá cavalgar ao pôr do sol sem mim e eu alcanço você daqui a pouco." De repente, o príncipe fica estupefato. Ele nunca ouviu algo assim antes. Alguma coisa se acende em seu interior e dá início a um fogo que ele não consegue apagar, porque ela não precisa dele. E, então, ele diz: "Preciso ficar com ela para o resto da vida."

Então, eles se apaixonam, se casam e saem cavalgando ao pôr do sol

E, então, ela o tortura… *com amor, para sempre.*

OS PRINCÍPIOS DE RELACIONAMENTO DA SHERRY

PRINCÍPIO DE RELACIONAMENTO Nº 1

No romance, não há nada mais encantador para um homem do que uma mulher que tenha dignidade e se orgulhe de quem é.

PRINCÍPIO DE RELACIONAMENTO Nº 2

Ele se casa com a mulher que *não* deixa ninguém pisar nela.

PRINCÍPIO DE RELACIONAMENTO Nº 3

Ele não se casará com uma mulher perfeita; ele se casará com uma mulher *interessante*.

PRINCÍPIO DE RELACIONAMENTO Nº 4

Quando a mulher se esforça demais, o homem geralmente começa a testá-la para ver até onde está disposta a ir: é como se ele lançasse um *frisbee* só para ver o quanto ela correria e quão alto pularia para agarrá-lo.

PRINCÍPIO DE RELACIONAMENTO Nº 5

Não acredite em nada que digam a seu respeito.

PRINCÍPIO DE RELACIONAMENTO Nº 6

Os homens reparam na maneira como você se veste e tiram conclusões a respeito de seu potencial para relacionamentos.

PRINCÍPIO DE RELACIONAMENTO Nº 7

Quando um homem a vê usando uma roupa muito sexy, geralmente acha que você não tem nada mais que isso.

PRINCÍPIO DE RELACIONAMENTO Nº 8

Quando você se veste com roupas curtas e decotes, ele não se lembra de como você fica linda nua e imediatamente pensa em todos os homens com quem você já foi para a cama.

PRINCÍPIO DE RELACIONAMENTO Nº 9

Todo homem sabe que pode encontrar uma garota que se satisfaz simplesmente por satisfazer a *ele*. Mas ele fica muito mais excitado com uma mulher que também se preocupa com o próprio prazer.

PRINCÍPIO DE RELACIONAMENTO Nº 10

Dá para ver o quanto alguém a considera pelo respeito que tem à sua opinião. Se ele não considerar sua opinião, *não a respeitará de maneira geral.*

PRINCÍPIO DE RELACIONAMENTO Nº 11

É melhor que não gostem de você por ser *autêntica* do que ser amada *pelo que não é.*

PRINCÍPIO DE RELACIONAMENTO Nº 12

Homens gostam de ser curiosos. Gostam de sentir que há algo além do que eles já sabem.

PRINCÍPIO DE RELACIONAMENTO Nº 13

O grande desafio mental não é: "Será que consigo levá-la para cama?" E sim: "Será que consigo atrair e *manter* a atenção dela em mim?"

PRINCÍPIO DE RELACIONAMENTO Nº 14

Seu poder se dissipa no minuto em que você começa a perguntar: "Qual é a posição que ocupo em sua vida?" Porque, assim, a mensagem que você transmite é: "Você é quem *define* os termos do relacionamento."

PRINCÍPIO DE RELACIONAMENTO Nº 15

Quando um homem se põe na defensiva, não se apaixona nem cria laços. A única maneira de fazê-lo se envolver consiste em fazer com que ele baixe a guarda primeiro.

PRINCÍPIO DE RELACIONAMENTO Nº 16

Quando uma mulher se afoba, o homem fica achando que ela está apaixonada por uma "fantasia" ou pela *ideia* de estar em um relacionamento. Mas, se ele for obrigado a conquistá-la aos poucos, de maneira progressiva, vai achar que ela está se apaixonando por *quem ele é*.

PRINCÍPIO DE RELACIONAMENTO Nº 17

Nem chegue a mencionar a palavra "compromisso". ***Este é o truque.*** **Quanto menos você tocar no assunto, mais próxima estará de sua concretização.**

PRINCÍPIO DE RELACIONAMENTO Nº 18

Se ele não tiver garantias, sentir-se apegado e achar que você pode ir embora a qualquer momento, então alimentará a ideia de que precisa ter um relacionamento mais seguro.

PRINCÍPIO DE RELACIONAMENTO Nº 19

Não há nada que um homem valorize mais do que algo pelo que ele precise esperar, para o qual precise se esforçar ou que precise lutar um pouco para conseguir.

PRINCÍPIO DE RELACIONAMENTO Nº 20

Assim que a mulher entrega de bandeja ao homem um relacionamento mais sério, ele relutará em aceitar.

PRINCÍPIO DE RELACIONAMENTO Nº 21

Não seja tão abrupta, óbvia ou disponível, de modo que ele ache que você já tem uma opinião formada sobre ele.

PRINCÍPIO DE RELACIONAMENTO Nº 22

O melhor a fazer é desvendar os padrões dele sem deixar que ele desvende os seus.

PRINCÍPIO DE RELACIONAMENTO Nº 23

Os homens ficam mais apaixonados quando acham que estão "roubando" um tempo em que você poderia estar fazendo outra coisa.

PRINCÍPIO DE RELACIONAMENTO Nº 24

Quando uma mulher demonstra ter confiança em um homem, ele se sente forte e valorizado. Assim, ele vai desejar ter palavra e fazer a coisa certa.

PRINCÍPIO DE RELACIONAMENTO Nº 25

Homens gostam de regras e diretrizes. Se há algo de que você não goste, ele vai respeitá-la por expressar sua opinião. Ele quer saber o que pode e o que não pode fazer.

PRINCÍPIO DE RELACIONAMENTO Nº 26

Os homens adoram saber que há um pedacinho de você a que eles não têm acesso.

PRINCÍPIO DE RELACIONAMENTO Nº 27

Os homens tiram muitas conclusões a respeito do lugar a que você foi só de reparar, quando você volta para casa, o quanto se produziu. Se você estiver toda arrumada quando não estava com ele, vai deixá-lo com uma pulguinha atrás da orelha.

PRINCÍPIO DE RELACIONAMENTO Nº 28

A fórmula mágica é ceder um pouco... e então recuar. Ceda um pouco... e então recue.

PRINCÍPIO DE RELACIONAMENTO Nº 29

As mulheres vivem ouvindo que sexo maravilhoso conquista o coração de qualquer homem. Isso é mentira. Só porque um homem vai para cama com você, isso não quer dizer que ele lhe tenha carinho. O sexo, por melhor que seja, também *não vai fazer com que ele passe a sentir carinho.*

PRINCÍPIO DE RELACIONAMENTO Nº 30

A melhor maneira para separar os maridos em potencial dos fingidos é avaliar a atitude deles em relação à espera pelo sexo. Se ele gostar de você, ficará feliz só de estar em sua companhia.

PRINCÍPIO DE RELACIONAMENTO Nº 31

A razão de esperar não é só para mostrar que você tem classe. É necessário tempo para observá-lo e descobrir informações fundamentais a respeito dele.

PRINCÍPIO DE RELACIONAMENTO Nº 32

A maneira como ele *se descreve* no início do relacionamento não tem praticamente nada a ver com a maneira como vai *tratá-la*. Se houver sexo na relação, ele vai fazer promessas das quais você nunca nem mesmo ouviu falar.

PRINCÍPIO DE RELACIONAMENTO Nº 33

Se depois do sexo você não se sentir completamente abobada e continuar a prestar atenção na própria vida, ele vai automaticamente começar a olhá-la de outro jeito. Aí é que vai querer garantir um relacionamento estável.

PRINCÍPIO DE RELACIONAMENTO Nº 34

Depois de fazer sexo, aja como se a relação ainda fosse recente.

PRINCÍPIO DE RELACIONAMENTO Nº 35

Quando não conseguem controlar uma coisa, os homens sempre ficam com a pulga atrás da orelha.

PRINCÍPIO DE RELACIONAMENTO Nº 36

Se você preservar um pouco de privacidade e ele tiver de ficar imaginando onde você está uma vez ou outra, estará estimulando a imaginação dele. No segundo em que não conseguir encontrá-la, ele vai se empenhar ao máximo para saber onde você está.

PRINCÍPIO DE RELACIONAMENTO Nº 37

Para um homem, um relacionamento sem sexo representa um relacionamento sem amor, sem afeição e sem conexão emocional.

PRINCÍPIO DE RELACIONAMENTO Nº 38

Conserve sempre o mistério. Faça com que o sexo seja esporádico e imprevisível. Assim, tudo será muito mais intenso para o homem.

PRINCÍPIO DE RELACIONAMENTO Nº 39

Quando uma mulher reage de maneira emocional, os homens conseguem três coisas: atenção, controle e sensação de importância.

PRINCÍPIO DE RELACIONAMENTO Nº 40

Se ele conseguir manipulá-la com facilidade, chegará à conclusão de que não tem de assumir nenhum tipo de compromisso para que você fique ao lado dele.

PRINCÍPIO DE RELACIONAMENTO Nº 41

A melhor maneira de estabelecer limites com um homem quando ele a está testando é controlar o fluxo e o refluxo de sua atenção. Uma reação emocional é sempre uma recompensa, mesmo que seja atenção negativa.

PRINCÍPIO DE RELACIONAMENTO Nº 42

Os homens *escutam* o que *veem*.

PRINCÍPIO DE RELACIONAMENTO Nº 43

Quando um homem tenta fazer com que você sinta ciúme, isso raramente tem a ver com o desejo que ele possa ter por outra pessoa. Se você se irritar, ele terá certeza de que você está ligada nele.

PRINCÍPIO DE RELACIONAMENTO Nº 44

Quando *você* começa a agir da mesma forma que ele, o mau comportamento desaparece em um passe de mágica.

PRINCÍPIO DE RELACIONAMENTO Nº 45

Quando um homem não liga, várias possibilidades passam pela cabeça da mulher. Do mesmo modo, a imaginação dele fica a toda quando não recebe notícias suas.

PRINCÍPIO DE RELACIONAMENTO Nº 46

Quanto mais racional e calma você fica, mais emotivo ele se mostra.

PRINCÍPIO DE RELACIONAMENTO Nº 47

Para um homem, é totalmente inadequado agir de maneira emocional quando conversa sobre coisas importantes. Se você falar com calma, ele vai partir do princípio de que o assunto é muito mais importante.

PRINCÍPIO DE RELACIONAMENTO Nº 48

Muitos homens reduzem as mulheres a uma lista de pressupostos. Eles partem do princípio de que todas as mulheres são emotivas e de que serão capazes de manipulá-las por meio de suas emoções assim que conhecerem seus pontos fracos. Quando não conseguem isso, eles geralmente desmoronam e se transformam no elo vulnerável da relação.

PRINCÍPIO DE RELACIONAMENTO Nº 49

Ele a provoca para ver se você acredita em si mesma. Quer saber quem está no controle. Se você não se abalar com facilidade, ele concluirá: "Esta aqui não pode ser manipulada."

PRINCÍPIO DE RELACIONAMENTO Nº 50

Para incentivar o comportamento adequado, diga o que você quer e depois apresente a solução. Mostre-lhe que ele pode ser seu herói.

PRINCÍPIO DE RELACIONAMENTO Nº 51

Durante o namoro, ele estará sempre atento, tentando discernir o seguinte: "Será que ela gosta de mim por quem eu sou? Ou pelo que posso lhe dar?"

PRINCÍPIO DE RELACIONAMENTO Nº 52

Quando um homem percebe que você está concentrada nos próprios sonhos ou em se autoaprimorar, ele se sente mais seguro em casar com você porque não vai ter de se preocupar com o que você quer *tirar dele*.

PRINCÍPIO DE RELACIONAMENTO Nº 53

Os homens não julgam o quanto você tem em dinheiro. Eles observam a *maneira como você administra* o que tem.

PRINCÍPIO DE RELACIONAMENTO Nº 54

Os homens admiram as mulheres que desejam se aprimorar e crescer pelos próprios méritos; eles têm medo de mulheres que desejam subir na vida apoiadas nas costas de um homem.

PRINCÍPIO DE RELACIONAMENTO Nº 55

Ele não quer se casar com uma menininha indefesa de quem vai precisar tomar conta.

PRINCÍPIO DE RELACIONAMENTO Nº 56

Para um homem, as palavras *respeito* e *confiança* são intercambiáveis. Se ele não a respeitar, não confiará em você. E, sem confiança, não permitirá que você se aproxime muito.

PRINCÍPIO DE RELACIONAMENTO Nº 57

Quando ele lhe der algo, sempre reconheça a gentileza por trás do gesto, não o item material em si. Da mesma maneira que as mulheres não se cansam de receber elogios, os homens não se cansam de ser reconhecidos por seus atos.

PRINCÍPIO DE RELACIONAMENTO Nº 58

A palavra preferida do homem é *admiração*. Mais do que tudo, ele quer ser venerado e valorizado pela mulher. Quando ela demonstra admiração, ele se sente motivado a oferecer-lhe o mundo.

PRINCÍPIO DE RELACIONAMENTO Nº 59

O homem não vai pensar em quanto está gastando com você se acreditar que você pode ser "a mulher certa para ele". No início, ele ficará *feliz* em pagar a conta.

PRINCÍPIO DE RELACIONAMENTO Nº 60

Um homem financeiramente confortável mas mão de vaca, não está disposto a dar – *nada*. Não deseja lidar com a inconveniência de perder tempo, de compartilhar uma gaveta – muito menos uma casa inteira e uma vida juntos.

PRINCÍPIO DE RELACIONAMENTO Nº 61

Quando você se muda para a casa de alguém, não está abrindo mão apenas de seu espaço pessoal e de seus pertences. O mais importante é que, quase sempre, você também perde a *sensação de independência*.

PRINCÍPIO DE RELACIONAMENTO Nº 62

Se o casamento for extremamente importante para você e se já estiver pronta para marcar a data da cerimônia, não vá morar com ele se ainda não estiver com a aliança no dedo e o dia marcado.

PRINCÍPIO DE RELACIONAMENTO Nº 63

O que mais motiva um homem é saber que a mulher por quem está apaixonado é alguém com quem ele poderá contar, que *realmente* lhe dará apoio.

PRINCÍPIO DE RELACIONAMENTO Nº 64

Estabeleça seu próprio ritmo e seus próprios limites. Se estiver na hora de cair fora, vá embora. Até lá, não deixe que ele saiba o que você quer que aconteça nem que atitudes dele a fariam partir. Então, fique de olhos bem abertos e observe como ele gerencia seus 50% da relação. Assim, você conseguirá o que quer bem mais rápido.

PRINCÍPIO DE RELACIONAMENTO Nº 65

Um cara que acha realmente que você pode ser "a mulher certa" falará muito pouco de casamento. Será bem mais reservado e só se abrirá muito lentamente, ao longo de vários meses, porque não quer assustá-la e fazer com que vá embora.

PRINCÍPIO DE RELACIONAMENTO Nº 66

Quanto mais controle você tiver sobre si mesma, mais domínio terá sobre o coração dele.

PRINCÍPIO DE RELACIONAMENTO Nº 67

Quando um homem realmente se preocupa com uma mulher, se sente vulnerável. É aí que mais precisa de um escudo de proteção – e geralmente é quando agirá com mais frieza.

PRINCÍPIO DE RELACIONAMENTO Nº 68

Sempre que o tédio se instalar, simplesmente acabe com a rotina. Assim que a rotina mudar, o interesse dele se reacenderá e a relação voltará a ficar interessante.

PRINCÍPIO DE RELACIONAMENTO Nº 69

Você tem muito mais chance de ser pedida em casamento se o homem não se sentir pressionado a tomar essa atitude.

PRINCÍPIO DE RELACIONAMENTO Nº 70

A mulher poderosa não se permite estar com um homem que só está matando tempo até que apareça coisa melhor.

PRINCÍPIO DE RELACIONAMENTO Nº 71

A mulher poderosa não fica jogando indiretas sobre casamento nem pergunta: "Para onde isso está indo?" Em vez disso, ela dá indiretas a respeito do rompimento da relação. *A palavra* casamento *nunca é mencionada.*

PRINCÍPIO DE RELACIONAMENTO Nº 72

Quando você age de maneira firme, feminina e forte, pode conseguir *o que quiser* de um homem. Se você se der bastante valor, *da maneira correta*, o mesmo valerá para ele.

PRINCÍPIO DE RELACIONAMENTO Nº 73

Na vida, metade da batalha tem relação com a maneira como você resolve se ver. Sua satisfação depende de você se enxergar de um ponto de vista positivo ou negativo.

PRINCIPIO DE RELACIONAMENTO Nº 74

Os homens raramente consideram agradável o fato de você se desdobrar em mil ou querer agradá-lo demais. Os homens querem sentir que são especiais e, se você for *legal em excesso*, eles se sentem comuns, porque partem do princípio de que você faria qualquer coisa que *qualquer* homem pedisse.

PRINCÍPIO DE RELACIONAMENTO Nº 75

Ele não se casa com a mulher que o coloca em um trono. Ele se casa com a mulher que está no mesmo nível que ele... aquela mulher especial com quem pode compartilhar todos os momentos especiais da vida.

Este livro foi composto na tipologia Nofret,
em corpo 10/15.9 e impresso em papel off-white 80g/m²
no Sistema Cameron da Divisão Gráfica da Distribuidora Record.